이렇게 우리는 만났다

이렇게 우리는 만났다

김자흔 산문집

차례

1부 이렇게 우리는 만났다

이렇게 우리는 만났다	11
책, 영혼의 모음(母音)	16
조직이라는 문	19
늦깎이로 사는 길	23
시인 원고료	28
공허와 부조리, 그리고 악몽 같은 영화	34
운명의 바람이 지나간 자리	42

2부 천불천탑 운주에 들다

천불천탑 운주에 들다   51

곡성 당동리 사면불이 뵈러   58

떠나온 우이도(牛耳島)   65

12월 31일의 소래포구   74

남한산 벌봉 가는 일기   79

서울도성 성곽길을 따라   84

겨울 남한산행   90

3부 어머 어머 시인이세요?

어머 어머 시인이세요?	101
영감님 뿔나셨다	106
아기 고양이는 완전 나를 좋아해	110
현빈이와 부침개	114
버찌 따는 아이와 버찌의 추억	118
이맘때는 다 이렇게	123
그리움은 하염없이 내리고	127
광지원의 지원이와 미수	131
시골집 터 찾아가는 길	135
산신령님, 뭐 드시고 싶은 거 있으세요?	140

4부 아양을 살살 떨면서를 아시나요?

아양을 살살 떨면서를 아시나요?	147
고까짓 것 했더래요	152
진주 난봉가	157
가수 이현 팬카페	162
김상진의 노래, 〈고향이 좋아〉	167
엄마와 도라지꽃	171
개가죽나무가 찾아준 그림자	177
찔레꽃, 찔레꽃, 하얀 찔레꽃	185

5부 아리가 우리 집에 왔다

아리가 우리 집에 왔다   197

아기 냥이 연두(원두)가 가족으로 왔다   202

영양가 없는 고양이 완소   206

길남아 왜 그래?   210

아기 길고양이 조로가 왔다   214

새끼고양이, 까미라 이름 받았다   219

번개씨 이야기   224

우리 집 마당 냥이와 동네골목 길냥이   227

고양이 끌어안은 죄로   232

이황 할아버지 이럴 땐 어찌해야 할까요?   238

작가의 말   242

1부
이렇게 우리는 만났다

이렇게 우리는 만났다

그리워하는 데도 한번 만나고는 못 만나게 되기도 하고,
일생을 못잊어 하면서도 아니 만나고 살기도 한다.

(피천득, 『인연』)

가을볕이 다글다글 쏟아지는 오후, 지월리 가을 들녘으로 산책 나갔다가 우연히 주택 길옆에서 바라보이는 예술 조각 작품과 마주쳤다.

주인 허락도 없이 작업실 마당까지 들어서서 작품을 감상하는데, 인기척을 느꼈던지 뒷마당에 요란하던 기계소리가 멎으며 젊은 사람이 나왔다. 벗고 있던 웃옷을 챙겨 입으며 초대되지 않은 낯선 방문객을 주인은 경계 없이 선선한 웃음으로 맞아주었다.

이혁진 작가

작품 <몽상>.

장미 꽃다발로 뒤덮인 긴 머리와 가녀린 꽃으로 문신 놓인 초록 알몸의 여인조각상이다. 살짝 고개 돌려 관람자를 응시하는 도발적인 눈빛과 역시 도발적인 입술. 도도하게 치켜올려 뜬 빨간 눈동자에서는 강한 팜프파탈의 눈빛이 읽혀졌다. 이 여인은 카멜레온의 후예일까, 하루에도 몇 번씩 수시로 변한다는. 키 크고 반듯한, 부드러운 인상의 작가 손에서 이렇게 강렬하고 도발적인 작품이 탄생할 수도 있다니!

초현실주의 세계. 아마도 이혁진 작가가 지향하는 세계관일지도 모르겠다. 강렬한 색깔에 이끌려 한참을 작품 앞에 서 있었다. 색깔이 천경자 선생의 그림 빛을 닮았다 했더니 그는 고개 끄덕여 수긍해 주었다. 그러면서 작품 사진을 찍어가도 괜찮다고 했다. 나는 작품 앞뒤 좌우로 움직이면서 이미지 컷을 휴대폰에 담았다.

작업실에 널려있는 여러 종류의 작업 도구들을 구경하는데, 작가는 이층에 진열된 다른 작품들 감상도 권유했다. 손잡이가 없는, 고소 공포를 누르며 오래된 나무 계단을 조심조심 올라갔다. 이층에는 이제 막 전시회를 마치고 온 작품들이 포장도 벗지 않은 채 모여 있었다. 나는 이것저것 떠오르는 대로 작품의 이미지를 묻고 작가는 관람자의 질문에 성실히 답하고 설명해 주었다. 나는 고개를 끄덕이며 한 작품 한 작품을 정성 들여 감상했다.

　그림이든 조각이든 작가들은 작품 속에 자신의 이미지나 철학을 투영한다. 표면적으론 부드러운 인상인데, 이혁진 작가에겐 정열적이며 대담한 색깔이 그의 내면에 내재돼 있는 듯했다. 작품으로 표현돼 나오는 뜨거운 색에서 그의 세계관이 드러나 보였다. 강렬한 원색은 관람자의 감정을 끝까지 몰입으로 붙들었다.

　집에 돌아오면서 생각했다. 이혁진 작가의 작품은 정열적인 프리다 칼로의 그림 색깔과 클림트의 원색 그림 빛깔을 닮았다고. 불타오르는 남미의 색인 고갱의 색채까지도 작가의 작품에 스며있다고. 강렬하고 정열적인 원색으로 만들어진 이혁진 작가의 작품이 집으로 돌아오는 내내 머릿속에 각인된 채 따라왔다.

최혜광 작가

　루돌프사슴을 닮은 둥글둥글 귀엽고 앙증스런 새빨간 기린들이 제각각 크기로 서 있는 최혜광 작가의 작품들. 작가의 작품은 다양했다. 작가는 한 작품의 세계에 머물러 있지 않고 각기 다른 장르의 작품으로 넘나드는 듯했다. 나를 마당으로 끌어당긴 작품도 바로 최혜광의 작품이었다.

　작품 <우리는 하나>.

등이 붙은 채로 서로 손을 잡고 우뚝 서 있는 두 청년이 샴쌍둥이처럼 닮았다. '나'는 '너'이고 '너'는 '나'이고', '안'은 '밖'이고 '밖'은 '안'이고', '여기'는 '거기'이고 '거기'는 '여기'이고'. 나는 <우리는 하나> 작품을 보면서 그런 생각을 했다. 하나가 여러 자아로 분열된 것이 아닌, 여럿의 자아가 하나가 되어 화합을 의미하는 것 같았다.

잡초 덮인 마당 한 구석에 희고 동글한 '얄궂한 공' 하나 앉아 있으니, 전체는 둥근 공 모양이지만 공 표면은 두 사람이 서로를 꽉 끌어안고 있는 형상이다. 대체 뭘까. 그리고 누굴까. 둥글고 백랍처럼 흰 알몸으로 이들은 왜 이렇게 서로를 부둥켜안고 있는 걸까.

오매불망 애절한 듯 비스듬히 감긴 눈이 자꾸 나를 끌어당겼다. 나는 줄 매어진 염소처럼 딱 그만큼의 거리를 두고 웃자란 잡초를 헤치며 이 '얄궂한 공'의 둘레를 몇 번이고 빙글빙글 맴돌았다. 선적 불교의 아우라가 내재된 작품인 듯도 한데, 겹겹의 사유를 찾아내려 애쓰다가 결국 곁에 서 있는 이혁진 작가에게 물었다.

"어떤 뜻을 품었지요?"

"…선배 작품이라서요."

그는 듣고 싶은 내 궁금증을 슬쩍 비켜 갔다.

(나중에 블로그를 찾아보니 최혜광 작가는 색깔만 다르게 입힌 루돌프 사슴 닮은 기린 작품이 몇몇 더 있다.)

헤어짐의 인사를 나누면서 나는 도록 한 권을 선물 받았다. 바로 얼마 전 인사동에서 열렸다는 전시회 도록이었다.

가을볕이 다글다글 쏟아지는 가을 오후, 지월리로 가볍게 산책 나갔다가 우연히 만나게 된 두 젊은 작가의 작업실. 그리고 각자 서로 다른 세계관을 가진 이혁진·최혜광 두 작가의 예술작품들. 우연이라면 우연이었고 인연이라면 인연이었다.

그랬다.

이렇게, 우리는, 만났다.

책, 영혼의 모음(母音)

"그동안 풀어 놓은 말빚을 다음 생에 가져가지 않으려 한다. 내 이름으로 출판한 모든 출판물을 더 이상 출판하지 말기를 부탁한다."

법정 스님의 유언이 전해지면서 스님의 책을 구해놓으려는 요구가 빗발치고 있다고 한다. 정가 팔천 원인『무소유』한 권 책값이 여덟 배나 높은 가격에 팔리기도 하고, 십오만 원에 팔겠다는 사람도 나섰다고 한다. 무소유를 전파하고 몸소 실천했던 법정 스님의 유언과는 정반대로 절판 소식은 소유욕을 증가시키는 현상으로 흘러가고 있다. 참 아이러니하다.

법정 스님의 고정 독자였던 나도 스님의 산문집 네 권을 지니고 있다. 1978년 초판본『영혼의 母音』(집현전)과 1978년 초판본『서 있는 사람들』(샘터), 그리고 1996년 3쇄본『새들이 떠나간 숲은 적막하다』(샘터사)와 2000년 6쇄본『오두막 편지』(이레)이다.『산방한담』도 구입했는데 지인 누군가에게 빌려주고 돌려받지 못했다.

지금 내 서가에 꽂혀 있는『영혼의 母音』과『서 있는 사람들』은 출판 시기가 오래돼서 종이 면이 갈잎처럼 변해있다. 혼인과 더불어 새살림을 시작하면서 다른 책들은 다 정리했지만, 이 두 권 책의 인연만큼은 소중히 챙겨왔다. 그러니까 법정 스님의 산문집이 내 혼수품의 1호가 된 셈이랄까.

나는 두 권의 산문집에 교과서처럼 밑줄을 긋고 사전을 찾아가면서 애독했다. 특히 처음 만난『영혼의 母音』은 하도 즐겨 읽어서 책장을 넘기기만 해도 무슨 내용의 글인지 훤히 알 정도가 되었다. 행간의 여백까지도 함께 말이다. 스님의 책에서 처음으로 파초의 식물을 알았고 후박나무의 그늘을 알았다. 두레박 우물물을 퍼 올리며 까르르 웃는 어린 왕자를 만났고, 봄이면 연둣빛 물감이 수런수런 번지는 소리를 듣고 배웠다. 호랑이가 얼마나 개성을 존중하는 동물인지 알았고, 뻐꾸기 울음소리는 벽에 기대 아득히 들어야 한다는 것도 배웠다. 이십여 분을 기다려야 하는 버스를 바로 눈앞에서 놓치고는 '너무 일찍 나왔군!' 마음 다스리는 지혜도 이 책에서 배웠다.

애석한 일인지 (그 귀한 책을 곁에 두지 못했으니) 다행스러운 일인지(혹여 재화에 욕심에 생길까)는 모르겠으나, 내 서가에는 『무소유』가 없다. 그때 『무소유』를 구입하지 않았던 것은 『영혼의 모음』과 『서 있는 사람들』에 실린 글들을 선별해서 묶었던 것이 이유였지 않나 생각이 어렴풋이 잡힌다. 잘못 저장된 기억인지는 모르겠다.

  스님의 말씀을 빌리자면 사람은 태어날 때부터 물건과 인연을 맺는다고 한다. 그러나 본질적으로 내 소유는 없다는 것이다. 태어날 때부터 우리가 가지고 온 물건은 없으므로.

  지금 누가 내게 서가에 꽂힌 한 권의 책을 선택하라 한다면, 나는 주저 없이 『영혼의 母音』을 집어들 것이다. 내게 있어 『영혼의 母音』엔, 봄날 같은 아득한 뻐꾸기 울음소리가 들어있기 때문이다. 아득한 뻐꾸기의 울음소리엔 늘 그리운 엄마의 음성이 들어있기 때문이다. 영원한 모음인 것이다.

  "우리 시대의 모든 이웃들은 다 행복하라, 태평하라, 안락하라."

  『영혼의 母音』에 나오는 이 글은 이미 오래전에 경전처럼 내 마음에 새겨 넣어졌다.

조직이라는 문

인간관계라는 것이 그렇다. 모여 있으면 좋든 싫든 말문을 열어야 한다. 닫고 있어도 될 말을 드러내야 하고, 듣지 않아도 무관한 말들을 들어야 한다. 더구나 어느 한 조직이 모이는 자리엔 어쩔 수 없이 이 말 저 말들이 쏟아져 나온다. 조직의 덩어리가 커지면 말의 부피도 마구 부풀어져 여기저기 곁가지로 뻗어 나간다.

하나의 안건에 대해서도 생각이 다르니 충돌이 생긴다. 내 생각은 이런데 네 생각은 어떠냐가 아니라, 내 생각이 맞는데 네 생각은 왜 틀리냐고 자신의 생각을 주입시키려 든다. 충돌되는 의견이 합의된 도달점을 찾으면 좋겠지만, 그렇지 못할 경우는 서로 목청을 돋우고 얼굴 붉히는 사태로 발전되기도 한다. 그것이 대의가 아닌 소의로 부딪칠 때면, 보면서, 들으면서, 보태면서, 이거 참! 내가 왜

이 자리에 있어야 하나 싶은 자괴감까지 온다. 어느 방법이 옳고 뭐가 그른지 결국 합의점으로 가지 못하는 숙제이다.

그러나 또, 각자 서로 내세우는 의견들은 잘해보겠다는 의미로 해석될 수 있겠다는 생각도 한다. 소수는 이렇다고 하는데, 다수가 그렇다고 하면, 그쪽이 맞을 수도 있다는 얘기다. 의견을 개진하고 종합하고 도출하면서 새로운 요소로 생성시킬 때 접합된 결론은 또 다른 활력으로 돌아올 수도 있을 테니까.

주룩주룩 내리는 광화문 빗속을 뚫고 바쁘게 돌아오는 늦은 밤, 전동차 안에서 같은 방향에 사는 후배와 회의에서 있었던 연장선의 논의가 다시 불붙었다. 자실[한국작가회의 자유실천위원회의 약칭] 위원 활동이 결국은 정치적이란 것과 그러니 머릿수로 세를 늘려야 한다고 주장하는 후배. 나는 그 주장에 적극적으로 동의 되지는 않았다. 작가의 정치적 확장은 글로써 어필해야 한다는 게 평소의 내 생각이었다. 우리의 생각이 충돌하자 '금성'에서 온 후배는, 아, 선배 또 답답하게 나오네! 했고, '화성'에서 온 나도 같은 문제가 반복되는 게 지겹고 머리 아파서 이제 그만하자! 하고 눈을 감아버렸다.

오늘 같은 날은 어느 조직에 속해있다는 것에 굉장한 피로감을 느낀다. 애당초 이 조직에 들지 않았다면 밤늦게 집으로 귀가하는 이 길에 씁쓸한 기운을 받지 않아도 될 텐데 하는 후회까지 몰려왔다. 내가 조직의 틀에 묶이는 것을 생래적으로 싫어한다는 것을 다시 실감했다.

눈 감고 잠시 생각에 잠긴다. 후배 시인 말마따나 작가로서 존경받는 선배의 처신은 어떻게 해야 되는 건지, 그런 말을 하는 후배 또한 다른 후배에게 존경받는 선배로서 올바른 처신을 하고 있는 건지, 인간사 관계가 뭔지 곰곰이 생각하다가…, 그래, 이게 다 서로서로 잘해보자고 하는 말이지! 긍정 쪽으로 가닥을 잡는다.

나이 먹을수록 입은 닫고 지갑을 열라고 했으니, 호기롭게 지갑 열 처지가 못 되는 나는, 그저 입 꾹 닫고 있는 것으로 나잇값을 해야 할까보다.

...

검사직에 속해진 부장검사의 압박에, 생을 접은 젊은 검사의 죽음에 마음 저리다.

...

빗속에서 우비 쓰고 쓰레기 수거하는 미화원들께 토마토 한 접시와 커피 세 잔을 내드렸다.

...

눅눅한 기운을 없애려고 실내 보일러 온도를 팡팡 올렸다. 장맛비는 세차졌다가 여려졌다 한다. 후두두 창문 때리는 빗소리가 듣기 좋다.

잠시 비 긋는 사이, 이층 층계까지 올라와 밥 달라 보채는, 길고 양이 두 마리에게 사료와 더불어 특식으로 캔 습식까지 내줬다. 형제처럼 서로 기대고 사는 이 두 녀석, 처마 아래에 마련해준 장판 자리 놔두고 이 장맛비에 어디서 자고 오는지 모르겠다.

늦깎이로 사는 길

나는 늦게 대학 공부를 마쳤다. 그러니까 남들이 흔히 말하는 늦깎이다. 뒤늦게나마 대학 공부를 마쳤으니 자랑스럽고 대견해도 될 일일 테지만 굳이 들춰내진 않는다. 그렇다고 부끄럽다거나 감추고 싶다는 뜻은 아니다. 다만 지난한 과거사가 신파의 요지를 다분히 작용시킬 수도 있다는 염려 때문이다. 어쨌든 나는 이십여 년을 건너뛰어 중도에서 포기해야 했던 공부를 다시 시작했다.

새로 시작한 고교 과정과 수능시험 과정의 두 해를 나는 혼신을 기울여 공부했다. 제일 먼저 학원 문을 열었고 맨 나중에 학원 문을 나왔다. 늘 시간에 쫓겨 허덕였고 늘 잠이 모자랐다. 원 없이 자보는 것이 소원이었다. 체력의 한계로 몸에 이상증세를 겪으면서도 새로 시작한 공부에 치열하게 매달렸다.

그때의 내 머릿속은 온통 뒤죽박죽이었다. 채 동도 트지 않은 어스름한 집 앞 골목을 빠져나오면서 나 자신과 수도 없이 결론 없는 질의를 주고받았다. 지금 내가 가고 있는 이 과정이 옳은 것인가. 옳은 것이라면 제대로 길을 찾아가고 있는 것인가. 정말 나는 이 과정을 무사히 견뎌낼 수 있을까. 불투명한 미래에 대한 불안과 두려움이 가슴을 옥죄어 왔다. 누가 강제로 등 떠민 것도 아니고 제 좋아 자처한 일인데도 그림자처럼 달라붙는 불안은 한시도 떨쳐지지 않았다. 각오는 했지만 나이 먹어 시작한다는 배움이 이렇게 무서울 줄 몰랐다. 한계에 부딪힐 때마다 다 그만두고 싶다는 생각이 일어났다. 그러나 그건 자존심의 문제였다. 중도에서 포기할 거였으면 아예 시작하지도 말았어야 했다. 자존심을 걸고 오기로라도 버텨내야 했다. 여기서 주저앉는다는 것은 앞으로 더 많은 자신과의 승부에서 지는 일이었다.

노력은 헛되지 않았다. 새벽길을 후려치던 혹독한 겨울바람을 이겨내고 나는 드디어 대학생이 되었다. 대학 합격을 확인한 날, 나는 이보다 더 좋은 날은 없을 것 같았다. 어둡고 긴 터널을 지나 비로소 양지의 벌판으로 나온 기분이었다.

새봄, 드디어 이십일 세기 00학번의 문예창작과 학생으로 대학생활을 시작했다. 3월 한 달은 행복한 학교생활이었다. 그러나 그 행복한 설렘도 잠시, 뜻하지 않은 복병에 부딪혔다. 젊은 동기들과의 세대 차이였다. 공통적인 학과만으로는 화제의 한계가 있었다. 탁구공처럼 통통 튀는 그들의 세계에 나는 깊이 소속되지 못했다. 나는 늙다리 사십 대 아줌마였고 동기생들은 새파란 이십 대였다. 추구하는 관점이나 바라보는 대상이 서로 다른 것은 당연지사란 걸 알면서도 혼자 동떨어졌다는 소외감은 나를 슬프게 했다. 공부도 다 때가 있다는 말이 괜히 있는 게 아니었다. 굳어진 두뇌 회전이야 몇 배로 노력해서 따라갈 수 있다지만 벌어진 세대 차이에서 오는 간극은 어떻게 극복해야 하나, 늦깎이의 비애가 통감되었다. 정말이지 마음 나눌 동년배 학우가 너무나 절실했다.

늦깎이의 비애는 지금도 종종 찾아온다. 늦게 배웠다고 누가 뭐라는 것도 아닌데, 괜히 혼자 주눅 들어 눈치 보고 주춤거릴 때가 있는 것이다. 남들보다 뒤처져 간다는 자격지심 때문일까.

나는 작년 겨울에 문단에 첫발을 들여놓았다. 대학 들어가서 처음 문학을 공부했으니 따지고 보면 배운 지 4년 만의 등단이 그리 늦은 편은 아니었다. 그런데도 문득문득 회의가 몰려올 때가 있다. 벌써 새파란 이십 대가 중앙 문단을 통해 나오는 판에 나는 또 뭔가. 일찍이 문단에 나온 동년배들은 중견이란 이름으로 시집도 몇 권씩 내고 제자도 길러내고 문학상으로 명성도 날리는데, 이제 겨우 말석에 시인이란 꼬리표 하나 달고 뭘 어쩌잔 말인가. 나는 또 슬금슬금 자괴감에 빠지는 것이다.

에고, 내 배움은 왜 이리 늦되기만 한 걸까. 남들처럼 똑똑치 못해서 뒤늦게 사리를 깨치는 것일까. 주제도 모르고 배움에 과한 욕심을 부리기 때문일까. 남들 뒤에 멀찍이 뒤처져 허적허적 가고 있다는 생각에 가끔씩 슬프기도 하고 가끔씩은 눈물도 나려 한다. 그런 회의 속에서 잘해 나가고 있는 나 스스로를 자학하며 들볶기도 한다.

그러나 또한 나 자신이 대견해 자부심이 들기도 한다. 아파트 평수에 목숨 거는 속물이지 않고, 막무가내로 아이들 학습에 참견하지 않고 제 길 찾아가도록 본보기를 보이고 있으니 이만하면 어미 노릇은 괜찮게 하고 있는 게 아닌가. 내가 이루고자 한 일에 한 발 한 발 전진하고 있으니 기특하지 않은가.

그러고 보면 허튼 곳에 한눈팔지 않고 나름으로 열심히 달려왔다. 돌이켜보면 참으로 막막한 시간들이었다. 그 막막하던 시간들이 치열함이 되어 살아가는 힘의 원동력이 되어 어쩌다 느슨해지려는 나를 다잡아 일으켜 세우며 채찍질한다. 앞으로도 나이를 핑계 삼아 편한 생활과 쉽게 타협하진 않을 것이다. 이건 나 자신과의 약속이자 다짐이다.

"그 나이에 정말 대단하네요."

알고 지내는 이웃들로부터 어쩌다 쑥스러운 인사말을 들을 때가 있다.

"하나도 대단치 않아요. 나는 아직 새파란데요."

이건 결코 겸손이나 오만의 대답이 아니다. 한국방송대학 국문과로 편입하고 보니 대부분이 다 늦깎이로 공부하는 학생들이었다. 내 나이는 명함도 내밀지 못할 정도로 연세 높은 학생들도 부지기수였다. 뒤늦게 시작하는 만큼 배움에 대한 열정은 어느 젊은이 못지않게 높고 청청했다. 그 배움 앞에서 나는 존경의 고개를 숙이는 것이다.

나이는 셈수에나 필요한 것. 나중에 난 뿔이 우뚝 솟는다는 속담처럼 늦깎이들도 세상 속에 우뚝 솟을 날이 있을 것이다. 배움의 열정 앞에 뜨거운 박수를 보내며, 늦깎이 모든 이들에게 행운 있어라. 평안 있어라.

시인 원고료

시 쓰는 대학 동기에게서 전화가 왔다. 어느 문학 계간지에서 시 원고 청탁을 받았는데 원고 청탁서가 기이하다고 했다. 원고료에 대한 내용이 일절 없다는 것이다.

"언니, 그 문학지는 원래 시 원고료가 없는 거야?"

잠깐 그 문학지 편집일에 참여했던 나는 동기의 돌직구 발언에 좀 당황했다.

"아니, 꼭 그렇지만은 않아. 대부분은 정기구독으로 돌려달라 하지만 계좌번호를 넣으면 원고료를 주는 걸로 알고 있어."

"그런데 청탁서에 정기구독해달라는 내용조차도 아예 없는 거야."

동기 역시 문학지 주간과 알고 있는 사이에 원고료는 어떻게 되느냐는 말을 전화로 물어보기도 참 그렇고 해서 몇 번을 고민하다가 나에게 전화했다고 했다. 나라고 무슨 뾰족한 답이 있을까. 원고료에 대해 딱 부러지는 대답을 줄 수 없어 괜히 내가 미안했다.

"당연히 작품의 대가는 줘야 되는 것 아니야?"

동기는 참으로 씁쓸해 했다. 씁쓸하기론 나도 동기와 같은 심정이다.

"네 말에 백 번 동감한다. 원고료가 많고 적고를 떠나서 이건 기분 문제지. 정신적인 노동의 대가는 당연히 있어야 하고. 시를 그냥 길바닥에서 줍는 것은 아니잖아. 시 쓰는 사람의 자존심이기도 하고 영혼이기도 한데 말이야."

"처음부터 정기구독으로 돌려줬으면 좋겠다는 내용이 있었으면 이해나 하지. 문단의 대선배로서 까마득한 후배에게 그러면 안 된다고 생각해."

그리고 보니 예전 동기가 했던 말이 떠올랐다.

"너 막 등단하고 신춘문예 신인들의 시를 실어주는 것만도 어디냐고, 고마운 줄 알라더던 계간지도 있었다며?"

"그랬지. 원고료 없이도 작품을 내어준 게 버릇으로 굳어버린 것 같아. 잘못된 구조이지 않아?"

나이는 아래지만 문단에선 두 해 선배인 대학 동기는 조근한 목소리였지만 강경했다. 문단 선배답게 당차게 말하는 동기가 꽤 마음에 들었다.

"모르는 척 시작품 보내면서 계좌번호도 넣어 봐."

나는 슬쩍 조언을 내비쳤다.

"아예 안면이 없는 곳이라면 청탁을 무시하겠는데 이건 그러기도 뭣하고…."

청탁한 쪽에서는 나름 동기를 생각해서 시작품을 실어주려 했을 테지만, 동기는 시를 줘야할지 말아야 할지 한 번 더 생각해 봐야겠다고 했다.

근사한 배경도, 대단한 빽도, 높은 인지도도 없이 어렵게 시 쓰는 나 같은 사람들이면 다 같이 공감하는 일일 것이다. 열악한 출판사 사정만 고려해서 작품 원고료 지불을 결정한다는 것은 이치에 빗나가 보인다. 신인이든 중진이든 원로이든 유명이든 무명이든 따질 것 없이 작품에 대한 대가는 지불해줘야 한다. 그게 맞다!고 생각한다.

어느 정도 문단에서 이름이 나면 여러 문학잡지들이 배달된다고 한다. 그런데 보내진 잡지들이 봉투도 뜯기지 않은 채 한쪽 벽 구석에 쌓여있다고 한다. 버릴 수도 안 버릴 수도 없는 처치곤란한 문학잡지들. 한번은 잔뜩 쌓여있는 문학잡지를 보고 가족이 불쑥 말하더란다. "저건 글 쓰는 사람들의 자위행위야!" 네 작품 내가 읽어주고, 내 작품 네가 읽어주는 서로의 자위적 행위. 사실 이 말을 듣고 나는 적잖이 충격을 받았다. 나야 아직 신인에 무명이니 자위행위 하는 축에도 못 들지만 그러면서도 마음 담아 보내드린 내 시집도 구석진 어딘가에 먼지를 쓰고 앉아 있을지도 모르겠다는 자괴감이 퍼뜩 든 건 사실이었다.

그러나 한 편으론 쌓아두는 행위가 또 이해도 됐다. 꼭 읽어봐야 될 글 아니면 굳이 원하지도 않은 잡지를 떠들어 볼 마음이 없을 수도 있겠다는 생각인 것이다. 도서관에 가면 읽어야 할 책들이 좀 많은가. 하루에도 쏟아져 나오는 단행본 신간들도 넘쳐난다. 문학뿐만 아니라 그동안 읽고 싶었고 읽어보고 싶었던 고전, 철학, 인문학, 과학, 의학, 예술, 시사 등 온갖 다양한 도서들이 서가에 꽉꽉 채워져 있으니 말이다. 내 위주로 말하자면 사실 도서관 서가에 있는 그 책들을 읽어내기에도 매번 벅차고 바쁘다. 도서관을 내 집 안방처럼 드나들면서 쉬지 않고 책을 읽는데도 말이다.

그러나 또, 성과 열을 들여 문학잡지를 만들었을 열악한 출판사의 수고를 저버릴 수는 없을 것이다. 저자들을 선정해 청탁을 하고 원고를 받고 교정 교열을 보고 인쇄소로 보내 한 권의 문학잡지로 만들어 낸 것이므로. 주소록 찾아 전국 작가들에게 발송하는 정성 어린 수고가 뒤따랐을 것이므로.

시 한 편에 삼만 원이면
너무 박하다 싶다가도
쌀이 두 말인데 생각하면
금방 마음이 따뜻한 밥이 되네
시집 한 권에 삼천 원이면
든 공에 비해 헐하다 싶다가도
내 시집이 국밥 한 그릇만큼
사람들 가슴을 따뜻하게 덥혀줄 수 있을까
생각하면 아직 멀기만 하네
시집이 한 권 팔리면
내게 삼백 원이 돌아온다
박리다 싶다가도
굵은 소금이 한 됫박인데 생각하면
푸른 바다처럼 상할 마음 하나 없네.

(함민복, 「긍정적인 밥」)

　　함민복 시인은 시 또는 시집을 '긍정적인 밥'으로 표현했다. 이 시를 다 읽고 나면 마음이 따스해지고 위로가 된다. 시 한 편에 삼만 원씩 원고료를 받았다는 것도 위안이다. 이 시가 나온 것이 삼십 년 전의 일인데, 시 한 편에 삼만 원이면 원고료가 적은 것은 아니란 생각도 든다. 아직도 원고료 한 푼 없이 시혼을 갊히고 있는 무명시인이 존재하고 있기 때문이다. 이래저래 무명의 처지는 서글프다.

공허와 부조리, 그리고 악몽 같은 영화
- 소더버그 감독의 영화 〈카프카〉(1991)

영화 〈카프카〉는 카프카의 작품과 인상으로 가득 차 있다. 영화의 주인공 카프카는 『변신』의 저자 프란츠 카프카이긴 하지만, 영화에서는 카프카의 일생을 전기적 사실로 재현시켜 놓지는 않았다. 실존작가의 일대기가 아니라 작가와 작품들의 내용을 소더버그 감독이 재해석하여 엮은 것이다. 다분히 포스트모더니즘적인 영화라고 볼 수 있다. 영화 속 사건의 배경은 카프카의 『변신』, 『성』, 『심판』을 비롯해 여러 작품의 조합으로 이루어져 있다. 영화 감독 소더버그는 이 영화를 통해 카프카를 우리 시대의 세계가 감춰놓은 비밀을 잘 알고 있었던 목격자로 여겼고, 그래서 영화 〈카프카〉로 카프카의 삶에 개입해서 다시 보여주고 있다. 카프카 본인을 주인공으로 그의 소설인 『변신』, 『성』, 『심판』 등 주제 의식과 내용이 교차, 종합되며 1910~20년대의 독일 표현주의 스타일의 강력한 흑백 대비가 특히 인상적인 흑백영화로 펼쳐진다. 이러한 비주얼 양식의 선택은 영화가 마치 실제 카프카의 시대에 촬영했던 것처럼 보이게 하는 효과가 있을 뿐 아니라 카프카의 암울하기 짝이 없는 세계를 표현하기에도 매우 설득력 있는 선택으로 생각된다.

실제 영화의 배경이 되는 1919년은 상징적으로 쓰기에 부족함이 없으리만큼 많은 사건이 벌어진 혼란한 과도기였다. 한창 산업화가 이루어지는 20세기 초, 체코 프라하에서는 절대 권력의 상징인 '성(城)'은 사회의 표면에서는 드러나지 않은 채 은밀하게 목적을 실행하는 절대 권력자로서의 무자비한 횡포와 비인간화라는 사회의 부조리를 안고 있었다.

1919년, 카프카는 실제로 프라하에 거주했다. 낮에는 보험회사 직원이었으며 밤에는 『변신』을 집필했다. 밤에는 아버지에게 끊임없이 편지를 썼으며 결핵을 앓았던 것도 전기적 사실이다. 주인공 카프카 역은 창백한 중년 미남 제레미 아이언스가 맡았다.

텅 빈 도시의 거리를 암울하게 비추면서 영화는 시작된다. 인물보다 높은 각도에서 잡는 앵글이나 어둡고 내리누르는 듯한 구도의 건물들. 지극히 초현실적 이미지를 나열하는 영화 <카프카>. 한 인물이 누군가에게 쫓기다가 살해된다. 그 인물은 에두아르 아방가. 거대한 조직의 상해보험회사 직원이다. 가장 친한 동료 에두아르가 갑자기 사라지게 되자 카프카는 주위를 수소문한다. 에두아르는 물에 빠져 죽은 채 발견되고 경찰은 그의 죽음을 자살로 규정하고 싶어 한다. 카프카가 에두아르의 실종 속에 드리워진 비밀을 알아내고 싶어 하자 에두아르의 애인이었던 무정부주의자 가브리엘라(테레사 러셀 분)는 도시를 지배하는 '성'의 절대적인 권위와 에두아르의 실종이 연관되어 있다는 것을 알려준다. 카프카는 로스먼을 통해 에두아르가 비밀리에 활동했던 무정부 단체를 알게 된다.

그의 주위에는 예기치 않은 일들이 일어나기 시작한다. 사회 계급체계에 대해 의문을 품게 되면서 카프카의 의혹은 점점 더 쌓여간다. 노동자의 생명을 위협하는 낯선 그림자. 이유 없이 파격적인 승진을 한 카프카. 그 밑으로 배치된 쌍둥이 형제의 수상한 행동들. 그러던 중 무정부의 비밀단체 조직원이 피살되고 로스먼까지 실종된다. 더불어 카프카는 자신도 생명을 위협하는 누군가에게 쫓기게 된다.

사각의 프레임 속에 갇힌, 또 하나 사각의 벽

 비서로 들어왔던 쌍둥이 형제에게 끌려가던 카프카는 묘지기 비즐백의 도움을 받아 성으로 잠입한다. 성안으로 들어가는 과정은 사각의 프레임 안에 갇힌 또 다른 사각의 벽면이다. 사각의 벽을 열다말고 카프카는 성 밖을 빠져나올 때를 미리 대비한다. 만년필에서 떨어뜨린 잉크 한 방울. 사방이 미로인 사각 출입구를 구별 지을 수 있는 한 방울 잉크는 카프카가 탈출할 수 있는 유일한 표시가 돼 줄 것이다. (흑백의 화면에서 떨어뜨린 잉크색은 왠지 파란색일 것 같다는 느낌이 났다.) 거울처럼 똑같은 사각의 벽면을 열고 들어가면 화면은 컬러로 전환된다. 아주 매력적인 장면이다.
 흑백 화면에서 컬러화면으로 전환되면서 소더버그가 관객에게 전달하고자 하는 핵심을 읽을 수 있다. 인간의 사고와 행동의 부조리, 관료주의적인 현상들, 불안전하게 실행되는 기준, 현대인의 갈등 등 인간 의식에 초점을 맞춰 놓았다. 카프카가 살았던 성 밖의 흑백 세상은 진실이 없는 허상의 공간이고, 성안의 컬러 세상은 부정하기만 했던 진실이 숨어 있는 세상이다. 즉 우리가 살고 있는 현실은 허상이며, 허상이라고 생각했던 것들이 오히려 현실이라는 것을 보여주고 있다. 흑백과 컬러의 사이, 성이라는 공간의 의미, 인간을 하나의 생산품으로만 여기는 지배세력인 성과 이에 다시 합쳐지는 집단, 그리고 그 사이에서 갈등하는 주인공 카프카의 모습을 보여준다.

 카프카는 성으로 잠입해 죽은 것으로 알려진 노동자들이 거대한 인간 개조 실험실에 동원되고 있는 광경을 목격한다. 무르나우 박사의 배후 아래서 대중을 쉽게 조종하고 통제하기 위해 인간을 대상으로 각종 생체실험이 시행되고 있는 것이다.

> **무르나우** 자네는 나 같은 사람을 경멸하지. 현대적인 걸 경멸하니까. 인간의 마음을 이해하는 것, 그게 우리의 공통점이란 건 인정하게.
> **카프카** 당신과 나에겐 공통점이 없소. 난 악몽을 쓰려고 노력했지만 당신은…, 그걸 만들었군요.
> **무르나우** (카프카에게 다가서며) 자넨 자네 방식대로, 난 내 방식대로. 하지만 우리 둘에겐 통찰력이 있어. 그래서 저 익명의 인간들과 구분되는 거지.
> **카프카** 익명? 저들도 인격이 있어요. (생체실험 중인 사람을 향해 거칠게 손가락으로 가리키며) 저 익명의 대중들이 자진해서 당신을 찾아오면 뭐라고 할 거죠? 뭐라고 할 거냐고요?
> **무르나우** 개인보다는 군중이 다루기 쉽지. 군중에겐 공통의 목적이 있어. 개인은 늘 불확실하지.
> **카프카** (웅크리고 앉아) 그걸 지워버리려는 거군요. 인간과 인

간을 구분 짓는 것. 하지만 절대로 렌즈를 통해선 인간의 영혼에 접근하지 못할 거예요.

무르나우 현미경의 어느 쪽을 대느냐에 달렸지.

무르나우 박사가 카프카의 머리에 손을 대려는 순간, 가지고 간 에두아르의 가방에 들어있던 폭탄이 폭발한다. 그 틈을 타 카프카는 극적으로 탈출한다. 일상으로 돌아온 카프카. 그러나 달라진 것은 아무것도 없다. 실종되었던 로스먼의 죽음이 또 강에서 발견된다. 죽은 에두아르에게서 맡아졌던 재채기와 손등에 나타나 있는 똑같은 생체실험의 흔적을 확인하고도 카프카는 사망 원인을 자살로 처리하는 경찰에게 "자살입니다"라고 동의해 준다.

친애하는 아버지. 전 늘 무지 속에 사는 것보다는 진실을 아는 게 낫다고 생각했습니다. 이제 제가 옳다는 것을 알았습니다. 더 이상 이 세상의 일부가 일부란 걸 부정할 수가 없습니다. 오늘은 다른 날과 다를 줄 알았습니다. 그래서 우리의 차이에도 불구하고 당신의 아들이란 걸 또한 부정할 수가 없습니다. 그리고 전 이 뒤늦은 하찮은 깨달음이 우리 둘에게 약간의 용기를 주고 우리의 삶과 죽음을 편히 해줄 것입니다.

카프카의 편지가 내레이션으로 흐르면서 영화는 끝을 맺는다.

진실 뒤에 가려진 현대사회의 부조리한 욕망

상해보험 회사의 직원인 에두아르와 로스먼의 똑같은 상태의 죽음. 성의 부름이 있었다가 (성이 파괴되면서) 다시 부름이 취소된 카프카. 이 모든 것의 연관성. 차갑고 도회적인 그러나 불안하게 움직이는 이미지들. 고통스럽게 인간의 뇌를 바꾸어 조정하려 끊임없이 욕망하는 의료진 그리고 경찰 앞에서 달라진 것은 아무것도 없다. 진실은 언제나 허상 뒤에 가려져 있다. 우리에겐 또 다른 발견하지 못한 수수께끼의 성이 있을 수 있으며 진실을 아는 자, 혹은 알고자 하는 자는 사회에 편입될 수 없는 이방인이 되어야 한다. 본질에 다가섰음에도 불구하고 현실에 순응할 수밖에 없는 현대사회의 부조리한 인간의 모습을 〈카프카〉는 보여주고 있는 것이다.

영화 〈카프카〉는 어렵다. 필름을 돌릴 때마다 "대체 왜지?"하는 질문에 봉착한다. 다섯 번이나 필름을 풀어 보았지만 답은 여전히 쉽지 않다. 현실이라는 거대한 굴레 속에 갇힌 현대사회의 부조리한 욕망, 그러나 체제에 순응할 수밖에 없는. 그러나 결코 그것마저도 편하지 않다.

〈카프카〉를 이해하기 위해서는 먼저 프란츠 카프카의 작품을 이해해야 한다. 그의 작품을 이해하기 위해서는 더 우선적으로 그의 생애를 이해해야 한다. 이렇듯 역순환적으로 카프카의 생애와 미로를 헤매는 듯한 카프카의 글쓰기 방식을 이해하고 나면 영화는 그나마 조금 쉽게 접근할 수 있게 된다.

"나는 당신과 공적으로 이야기를 나누지 않습니다. 반(反)공식적이라고 말할 수도 있지요."(소설)

"내 윗사람은 지시에 대해 설명할 의무가 없네, 나 역시도 마찬가지네."(영화)

소설과 영화, 이 두 대사가 동일선상에 놓인 것처럼 카프카의 작품과 그의 생애를 우선 이해 해놓고 <카프카>에 접근해 천천히 실타래를 풀어나가다 보면 난해성과 다의성으로 연결된 핵심에 조금은 부드럽게 다가설 수 있을 것이다. 단언하건대, 영화 <카프카>는 영상으로 보는 영화가 아니라 읽는 영화다. 98분 내내 끊임없이 생각을 끄집어내서 조립해 봐야 한다. 긴장 끈을 놓쳐버리면 흑백 화면처럼 곧바로 영화는 캄캄해져 버린다. 안테나 촉수를 바짝 세워 읽다 보면 낯선 그림자에 쫓기는 암울한 표제의 이미지에서도 몇 겹의 층위를 이끌어낸 설정도 눈에 잡힌다. 알든 모르든, 쉽든 어렵든, 이해되든 아니든, 깊은 흑백 화면 속으로 들어가 보면 새로운 보답을 얻을 것이다.

운명의 바람이 지나간 자리
-켄 로치 감독의 영화 〈보리밭을 흔드는 바람〉(2006)

고독하지 않는 혁명은 없다

푸른 하늘을 제압하는

노고지리가 자유로웠다고

부러워하던

어느 시인의 말은 수정되어야 한다

자유를 위해서

비상하여 본 일이 있는

사람이면 알지

노고지리가

무엇을 보고

노래하는가를

어째서 자유에는

피의 냄새가 섞여있는가를

혁명은 왜 고독한 것인가를

혁명은

왜 고독해야 하는 것인가를

(김수영, 「푸른 하늘을」)

영화 <보리밭을 흔드는 바람>은 1920년대 아일랜드의 독립투쟁을 소재로 하고 있다. 하지만 단순히 전쟁에만 초점을 맞추고 있는 것은 아니다. 오히려 이 영화의 진짜 이야기는 아일랜드가 영국과 평화조약을 맺는 그 순간부터 시작된다. 아일랜드의 독립을 위해 함께 싸운 IRA가 평화조약의 내용을 놓고 의견이 갈리면서 그들은 새로운 갈등과 혼란을 겪는다.

형 테디는 현실적이다. 실용적인 결정을 중요시하는 그에게 영국과의 평화조약은 간신히 얻어낸 기회이다. 이 기회를 놓치게 된다면, 아일랜드는 영원히 영국의 속국으로 살아갈지도 모른다. 그는 평화조약을 받아들이자고 주장한다. 그러나 그에게 큰 힘이 됐던 동생 데미언이 반대하고 나선다. 동생 데미언은 이상적이다. 그에게 있어 조국의 완전한 자유와 독립은 타협될 수 없는 단 하나의 목표이다. 영국이 제시한 평화조약은 아일랜드를 분열시키려는 비열한 술수일 뿐이다. 그는 더 나은 아일랜드를 위해 자신의 전부를 걸었다. 그는 영국과의 평화조약을 받아들이자는 형 테디를 이해하지만 그에게 동의할 수는 없다. 서로를 의지해서 살아온 두 형제, 그러나 이제는 다른 길을 선택한다. 서로가 마주한 슬픈 현실이다.

<보리밭을 흔드는 바람>은 켄 로치 감독이 영화를 통해 말하고자 하는 바가 무엇인지를 여실히 드러내고 있다. 켄 로치 감독은 두 형제 중 누구의 편에도 서지 않는다. 그저 조용한 관찰자적 시점에서 그들의 삶이 어떤 방향으로 흘러가는지를 중립적으로 보여줄 뿐이다. 과거를 통해 현재와 미래로 나아가는 켄 로치 감독, 그는 혁명과 자유를 노래하지만 옳고 그름을 묻지 않는다. 다만 어떤 모습으로 어떻게 살아갈지에 대한 고민을 우리 앞에 던져놓을 뿐.

바람이 지나간 자리

> 나는 사랑의 뜰로 가서
> 아직 못 본 것을 보았다.
> 내가 놀던 풀밭 가운데
> 교회당이 서 있고.

교회당의 문은 닫혀 있었는데
문 위에 "해서는 안 된다"가 씌어 있었다.
문 위에 아름다운 꽃들이 수없이 피어 있는
사랑의 뜰로 나는 돌아 나섰다.
그런데 나는 꽃들이 있어야 할 곳에
무덤과 묘비가 가득 차 있음을 보았다.
검은 가운을 걸친 신부들이 거닐면서
내 기쁨과 욕망을 가시덤불로써 묶고 있었다.

(윌리엄 블레이크,「사랑의 뜰」)

그리고 마침내 그들이 염원하던 영국과의 평화조약이 체결된다는 소식이 들려온다. '조약인정으로 새로운 아일랜드 자유국 탄생, 관세와 경제정책 전반에 대한 권한도 되찾았다.' 아일랜드의 독립운동단체들은 혼란에 휩싸인다. 우선 조약을 받아들이고 점진적으로 개선해 나가자고 주장하는 형 테디와, 완전한 자유를 얻지 못한다면 아무런 의미가 없다며 다시 투쟁을 시작하자고 하는 데미언은 결국 서로 다른 길을 선택하기에 이른다. 중요한 건, 결국 혁명이란 것도 내부의 적이 생겨 내전이 일어나고 서로에게 총을 겨누는 일을 생기게 된다는 것이다.

"아직 늦지 않았어."

"내가? 아니면 형이?"

처형 직전, 형 테디는 마지막으로 회유를 해보지만 동생 데미언의 신념은 확고하다. 데미언은 연인인 시네이드에게 유언과 같은 마지막 편지를 쓴다.

"나는 이 일에 뛰어들고 싶지 않았지만 결국 뛰어들게 됐지. 이젠 벗어나고 싶어도 그럴 수가 없어. 우린 참 이상한 존재야. 우리 자신에게조차 말이야."

테디는 총살 명령을 내리고 데미언은 쓰러진다. 테디는 데미언의 연인인 시네이드를 찾아가 데미언의 죽음을 알린다.

"다시는 당신을 보고 싶지 않아."

시네이드는 울부짖는다. 이건 데미언이 조직을 배신한 크리스를 쓰러뜨리고 그의 어머니를 찾아가서 크리스의 죽음을 알렸을 때와 똑같은 말이다.

"다시는 널 보고 싶지 않구나."

영화, <보리밭을 흔드는 바람>은 바람에 흔들리며 이렇게 끝난다.

아일랜드, 슬픈 역사의 땅

아일랜드의 독립 투쟁은 1920년 아일랜드에서 일어난 특수한 사건이었다. 그러나 이 사건은 과거를 넘어 현재까지 이어지는 보편성을 가지고 있다. 켄 로치 감독은 역사는 언제나 나에게 무엇이 가장 중요한지를 일깨우는 중요한 테마라고 말하며, 이 영화가 현재의 이라크전과 같은 사건들을 다시 생각해 볼 수 있는 기회가 되기를 바란다고 밝힌바 있다.

 아일랜드와 영국의 역사, 그중에서도 아일랜드 독립 전쟁의 역사들을 조금씩 이해하면 영화의 표면적인 이해는 쉬워진다. 켄 로치 감독은 황금종려상 수상 소감에서 "아일랜드의 상황은 현재 이라크전의 모습과 다르지 않다. 이라크를 탄압하는 미국과 영국의 구도는 아일랜드에 대한 영국의 태도에서 조금도 나아지지 않았다. 나는 과거를 통해 현재의 이러한 모순들을 비판하고 싶었다"고 밝히며 날카로운 사회비판 의식을 드러내었다.

영화 〈보리밭을 흔드는 바람〉은 2006년 59회, 심사위원들의 만장일치로 황금종려상을 받은 작품이다. 영화 속 감옥은 독립전쟁 당시 실제 사용했던 감옥이라고 하고, '보리밭'은 전쟁 중에 죽은 사람을 묻어놓고 나중에 찾기 위해 보리를 뿌려두었는데 나중에 와보니 보리밭이 되어 있었다는 일화에서 따왔다고 한다.

2부
천불천탑 운주에 들다

천불천탑 운주에 들다

비록 누군가 이미 다녀간,

엿보아버린 낙원이었을지라도

그리하여 그날의 시체처럼 딱딱하고

앙상한 흰 뼈들만 석불처럼

나뒹굴고 있었을지라도

우린 잠시나마 그 숲에서 행복했었다

잘려나간 手足 같은 추억들을 거두거나

엉망이 된 천 개의 희망들을 파묻고

다시 파헤쳐보길 반복하면서도

여전히 완강하게 내일을 꿈꾸고

서로가 서로를 의식하지 않은 채

마음껏 광란의 춤을 출 수 있었던
그 시절은 아무래도 좋았다
결코 무너질 수 없는 기억의 탑 속에
거기 그대로 응결된 시간의 陰刻이여
우린 저버렸음으로 잃을 게 없고,
그래서 더욱 탐하지 못한 새벽의 신비를
아주 오래 생각할 수 있었다
생각보다 빨리 파국이 밀어닥쳤고,
또 황망히 각자의 피 묻은 옷가지를 챙겨 나섰지만
그 시절 거칠게 활활 타올랐던
너와 나의 모든 숨구멍이여
비록 버림받은 저주의 세월이었을지라도
한때나마 부끄러운 영혼들을 의탁하며
몸 숨길 수 있었던 은신처였으므로
우린 어디서든 향기로울 수 있었다
비록 잘못든 길인 줄 알면서도
못내 견디지 못해 이탈을 노래하고
잠시나마 어떤 맹서에도 구속되지 않은 채
끝내 자유로울 수 있었던 우리는

(임동확, 「기억만으로 행복한-운주사 가는 길」)

아침 여덟 시. 운주사 뒤를 오른다. 어제는 너무 늦어 미처 둘러 보지 못한 산신각과 석불군(石佛群)을 거쳐 불사바위까지 만나고 내려온다. 법당 부처님께 하룻밤 유숙하게 해준 감사의 절을 올리고 요사채에서 배낭을 챙겨 나온다. 그리고 다시 와불을 보러간다. 어둑해져 오는 시간까지 석불 앞에 서성이다 내려온 어제의 길을 다시 오르고 있다. 운주사 법당에서 예불을 드리는 스님의 단조로운 목탁소리 빼고는 모든 게 조용하다. 아직 단풍철은 아니나, 천불천탑의 계곡을 바라보는 풍경은 그림보다 아름답다. 좁고 깊지만 가파르지 않은, 탑과 석불로 야외전시장이 펼쳐진 운주사 계곡. 금방 다녀온 반대편의 불사바위가 먼 듯하지만, 또한 손만 뻗으면 닿을 듯 가까운 거리다. "절 자리가 참으로 안온해요." 하는 내 말에, "바로 이 자리가 어머니의 자궁 같은 곳이래요." 말해주던 이는 어젯밤 어둑한 시간을 등지고 내려와 마땅히 숙박할 곳을 정하지 못한 나를 안내해 저녁공양과 함께 하룻밤 절 방에서 묵게 해준 그녀였다. 바로 일주문 앞에서 관광용품을 돌보는 젊고 참한 그녀. 예부터 풍수지리로는 배산임수를 최고의 명당자리로 쳤다지만 사방으로 산이 보호막이 되어주는 한 가운데 터를 잡은 운주사야말로 어머니의 품에 안겨 있는 가장 아늑한 자리인 것만은 틀림없어 보였다.

와불은 어제와 똑같이 누워 있다. 새벽 네 시, 스님의 예불 시간에 소나기가 한차례 지나갔지만 밤새 아무 일도 없었다는 듯이 비탈진 아래쪽으로 머리를 둔 와불은 솨아솨아 불어오는 솔바람 소리와 맑은 햇살을 받쳐 베고 나를 맞았다. 고요한 아침 천불천탑에 올라 내려다보는 계곡 풍경은 신령스러웠다. 나 혼자 운주사 계곡을 끌어안고 있는 듯 고고해지는 마음. 천 개의 불상을 세우기로 하고 새벽닭이 울어 마지막 와불을 일으켜 세우지 못한 채 하늘로 승천했다는 도국선사(또는 이름 없는 석공의 작품이라고도 전해진다)의 설화를 기억해 낸다. 저 아래 키 큰 미루나무가 일으키는 바람 소리와 새 한 쌍이 해찰하는 소리를 들으며 와불 주위를 빙글빙글 돌고 있다. 부부라서 외롭지 않게 숱한 세월을 견디어 왔을 것이라 고개도 끄덕여 본다. '부처님 위에 올라가지 마시오' 안내판에 둘러쳐진 밧줄 아래로 실례를 무릅쓰고 들어가 두 와불의 이마와 코와 입술과 손에 내 체온을 옮겨본다. "달리다쿰, 달리다쿰! 일어나라, 일어나라!" 김선우의 시「운주(雲柱)에 눕다」한 구절을 주문처럼 외우면서. 이 불상을 일으켜 세우면 세상이 바뀌고 천 년 동안 태평성대가 계속된다고 하는데 아직 때가 오지 않아서일까. 잠자듯 누워만 있는 와불. 그런 중에 운주사 계곡 석불 전부가 눈 감고 있다는 사실을 발견한다. 석불도 천년 후에 온다는 미륵세상을 간절히 염원하고 있던 것일까.

  조금 전 한참을 바라보고 온 '석불군 바'가 다시 내 발길을 잡아

끈다. 정교한 탑이나 불상보다는 <광배를 갖춘 석불좌상>, <마애여래좌상> 등 투박하고 거칠게 다듬어진 석불 앞에 마음이 끌리는 것을 어쩌랴. 한 번 더 보고 가자. 칠성바위로 갈 걸음을 돌려 방금 올라온 10기 석불군을 보기 위해 목재 층계를 다시 내려선다. 각진 계단 앞에서 무릎이 시큰해 온다. 있는 그대로의 자연 상태가 가장 좋을 것인데 불편하면 불편함을 감수하고 오를 수 있는 사람에 한해서만 허용하면 될 것인데⋯ 혼잣말로 중얼거리면서도, 아픈 무릎으로도 무리하지 않게 오르내릴 수 있게 배려해 준 목재 층계가 한편으론 고마웠다. 하긴 무수한 사람들의 발자국으로 밟혀진 땅은 닳아져 작은 생명도 자라지 못할 것이다. 폭우라도 쏟아지면 맨땅의 흙은 고스란히 쓸려나갈 테지. 실제 와불 머리 쪽엔 풀 한 포기 없이 맨땅으로 드러나 있다. 그 여파로 관망하기 좋게 배치해 놓은 아래쪽 평평한 목재바닥엔 떠내려온 토사와 흙탕물이 고여 있다. 모두가 다 좋을 순 없는 것이다.

안내판에서 보여주던 청청한 소나무는 사라지고 와불 위쪽으로 몇 그루 소나무만 수척하게 남아있다. 벌목된 둥치와 고사목이 눈에 들어온다. 해충병이 돌았나. 문화유적지가 있는 산을 어째 이리 지켜내지 못했을까. 안타까운 심정으로 칠성바위 푯말을 따라 내려가는데 불에 탄 흔적이 뚜렷한 소나무 밑동이 눈에 들어온다. 어느 때 산불이라도 났던 것일까. 그래서 이렇게 민둥산이 된 것일까.

내려왔던 길을 다시 되짚어 올라와 칠성바위 쪽 안내판을 따라 내려온다. 석불 재료를 뜬 흔적이 뚜렷이 남아있는 채석장이 있다. 널찍하게 깔린 대암(大岩). 거대한 탑과 거대한 석불이 존재할 수밖에 없는 이유가 여기에 있어 보였다. 위대한 재료를 두고 어찌 석공인들 그냥 지나칠 수 있으랴. 수평으로 놓인 대(大)바위에는 와불 같은 불상이 조각됐을 테고, 수직으로 된 대(大)바위에는 입상의 부처나 탑이 조각되었을 것이다. 불가사의한 거대한 와불 역시도 이런 과정에서 태어났을 것이며, 높고 크고 작은 석불 역시 채석장 바위에서 자연스러운 작품으로 태어났으리라. 맞춤 자리를 골라 정으로 쪼아 석불을 음각하니 상단부에 튀어나온 여백은 맞춤으로 폭풍과 폭우를 가려주는 처마 역할이 된 것이리라.

칠성바위 앞에 선다. 원형으로 곱게 깎아 놓인 일곱 개의 바위. 대체 이 칠성바위는 어떤 의미로 판을 뜬 듯 깎아 놓았을까. 왜 하필 일곱 개일까. 안내판에는 별자리 북두칠성과 연관된 것이 밝혀져 비상한 관심을 받고 있다고 표기해 놓았다. 그렇다면 앞으로 누가 과학적으로 세세히 밝혀낼 것인지, 앞으로 무엇이 더 밝혀질 것인지, 아무런 지식이 없는 나는 답답하기만 했다. 계획에 없던 운주사여서 미리 공부하지 못한 나를 탓했다. 여행 급수로 따지자면 혼자 하는 여행을 일급으로 치겠지만, 이럴 때만큼은 누군가의 도움을 받지 못하는 안타까움이 사뭇 밀려왔다. 전문 안내인이나 해설사의 설명을 들을 수 있었으면 금상첨화겠다는 절실한 바람. 하지만 어쩌랴. 지금 여기 운주사에 올라와 있는 사람은 나 혼자뿐인 것을. 끝없이 이어지는 호기심을 다음으로 미뤄 놓고 둥글게 깎은 칠성바위를 둘러보고 안내판 글 읽어보는 것으로 진한 궁금증을 달랜다.

운주사 연혁

도선의 창건 설화와 천불천탑으로 알려진 운주사의 불교유적은 전라남도 화순군 도암면 대초리 일대에 자리잡고 있다. 이 지역은 무등산의 한 줄기로 해발 100여 미터의 야트막한 야산이며 남북 방향으로 뻗은 두 산등성이와 계곡에 현재 100여 분의 돌부처와 21기 석탑들이 안치되어 있다. 이 신비로운 전설을 간직한 운주사의 와불이 북극성을 상징하고 사찰에 배치된 석탑들이 이를 중심으로 한 별자리와 거의 일치한다는 주장이 제기되어 관심을 모으고 있다. (운주사 어귀의 안내판)

곡성 당동리 사면불이 뵈러

 여름 장맛비처럼 쏟아지는 가을 폭우를 뚫고 남도 고속도로를 달린다. 앞 유리창 브러시가 쉴 새 없이 흘러내리는 빗물을 지운다. 시속 60킬로미터 속도로 달리는 자동차 안에서 나는 안정감에 마냥 평온인데, 이런 빗속의 고속도로를 달리는 운전이 처음이라는 풍로초님은 잔뜩 긴장된다고 했다. 뒤에 차들이 계속 휙휙 추월해 간다.
 곡성이 생각보다 멀리 있다. 어제 내려오다 본 목포 이정표가 보이고 광주 이정표도 보인다. 바쁜 구기자 농사 제쳐두고 내 여행길에 기꺼이 나서준 풍로초님에게 미안해 어쩔 줄 모르겠다. 이렇게 먼 길인 줄 알았으면 아예 길을 나서지 않았을 것인데 하는 후회. 떠나기 전 천둥 번개가 한 차례 허공을 후렸지만 우산 받쳐 들고 나서도 될 만큼 조곤조곤하게 바뀐 비를 믿어보자며 나선 길이었다. 가는 동안 비는 폭우로 변했다. 그 험한 빗속을 뚫고 한 시간 반 만에 내비게이션은 나주에서 곡성 당동리로 무사히 안내를 마쳤다.

마을회관 앞에 차를 세운다. 다행히 비는 나직한 비로 바뀌었다. 우산을 받쳐 들고 마을로 들어선다. 마을로 들어서는 도랑길이 폭우로 인해 흙탕물로 콸콸 넘쳐 흘러간다. 추수 끝난 논이 마을 앞에 맞물려 있고 뒤로는 낮은 산이 병풍처럼 둘러쳐 있다. 첫눈에 봐도 평온한 기운이 감도는 마을이다. 아 좋다! 정말 좋다! 하는 감탄사가 연거푸 튀어나온다. 앞서 걷는 풍로초님은 담백하다. 이지누 씨가 책에 안내해 준 길을 어림짐작 짚으며 마을길로 들어서지만 이 길이 맞는 길인지 모르겠다. 일단 가보자고 몇 걸음 떼놓으며 두리번거리다 풀숲에 가려진 채 비스듬히 서 있는 푯말을 만난다. '화장사지석조여래좌상'이라고 쓰여 있다. 사면불상이라 적혀있진 않았지만 석조여래좌상이니 아마도 맞을 것이다.

> 게다가 모셔온 곳은 서로 다르지만 두 분의 부처님 같이 앉았으니 이불병좌(二佛竝座)다. 더구나 한 분은 자신의 몸에 다시 작은 부처님을 세 분이나 더 두르고 계시니 그것은 또 무엇인가. 당동리 언덕의 부처님은 크게 보면 두 분이지만 합하면

모두 다섯 분이 된다. 말이 애매하지만 나로서도 어쩔 수가 없다. 양련의 대좌 위에 올라앉은 두 분이지만 그중 한 분은 등과 양쪽 팔에 돋을김으로 다시 작은 부처님을 새긴 사면불이기 때문이다. 표현할 길이 막연해 사면불이라고는 했지만 엄밀하게 따지면 사면불은 아니다. 나라 안 곳곳을 무수히 쏘다녔지만 그 어느 곳에서도 이런 모습을 한 부처님을 뵌 적이 없다. 일천한 공부로는 이와 같은 형식을 갖춘 것은 들어본 적조차 없다. 큰 바위에 동서남북으로 부처님을 새기는 사방불(四方佛)이나 앞뒤로 부처님을 새기는 배면불(背面佛)은 더러 마주할 수 있다. 그러나 당동리의 부처님과 같이 자신의 몸에 또 다른 부처를 새기는 형식은 처음 대하는 것이며 보고된 자료 또한 찾지 못했다. 그러니 지금의 나로서는 막연히 사면불이라거나 '당동리의 그분'이라고 할 수밖에 없다.

(이지누, 『마음과 짝하지 마라』에서)

마을 집들을 지나 언덕배기 위까지 올라가 보지만 가을걷이를 해놓은 작은 논밭들만 나타난다. 무 김장배추는 비 맞아 더욱 새파랗고 미처 비설거지를 못한 채 누워 있는 콩대는 찬비에 젖고 있다. 아무래도 잘못 찾아든 것 같다. 마을 사람을 찾아 물어보기로 한다. "워째 여쪽으로 왔으까이!" 두 양주가 마주 앉아 고들빼기 단을 묶고 있다가 태극기가 꽂힌 마을회관을 끼고 오른쪽으로 들어가라고 친절하게 일러준다. 한 단에 삼천오백 원 한다는 직접 농사지은 고들빼기는 사드리지 못하고 고맙다는 인사만 남기고 집을 나온다.

차를 세워놓은 마을회관까지 다시 내려와 오른쪽 고샅을 향해 오른다. 마을 어른의 안내를 받았으니 이 길이 틀림없을 것이다. 이번엔 내가 앞서고 풍로초님이 뒤따른다. 마을 끝, 밭 위에 모셔진 것은 확실히 알고 있으니 보이는 마을 집들은 다 지나친다. 지나치면서도 마을이 마음에 들어 눌러 살 집 한 채 마련하면 좋겠다는 생각을 한다. 밭가의 오래된 돌담도 눈에 넣어두고 돌담을 덮은 마삭줄을 나눔해 갈 욕심도 내본다. 남도지방에서는 흔하다는 마삭줄은 여름에 아주 좋은 흰 꽃향기로 피어난다고 풍로초님이 설명을 넣어준다.

마을 꼭대기에 다다르니 이제는, 산수유가 노랗게 핀 밭에 지게를 지고 오르던 책 속의 농부 모습이 잡힌다. 사진으로 익힌 마을 끝집의 기와지붕도 눈에 들어온다. 드디어 사면불상을 뵙는 거구나. 쿵! 쾅! 마음이 긴장한다. 오르던 걸음을 잠시 멈춰 안쪽으로 길게 고개 빼 올려다본다.

보였다!

두 석불이 앉아 계셨다!

반가움에 와락 눈물이 나려 했다.

두 석불을 향해 차례로 합장하고 이곳저곳을 세심히 살폈다.

등에 어깨에 가슴에 손을 대고 석불의 숨결을 느꼈다. 무엇보다도 석불의 등과 어깨에 작은 불상이 새겨진 것을 확인했다. 책에서 읽은 대로 부조로 새겨져 있다. 가장 매력적으로 끌렸던 사면불상(四面佛像). 그 이유 하나가 경기도 광주에서 전라도 곡성까지, 그 먼 길을 달려오게 했던 것이다. 그런 사면불상을 만나니 마음은 벅차기만 했다. 대체 무슨 연유로 석불사면에 또 작은 불상을 새겼을까. 마을 앞에 모셔졌다가 두 번이나 도난당했었다는 데 우여곡절 끝에 마을 윗자락 대숲 앞에 모셔진 사불상이다. 좌대 끝이 깨져 모습이 온전치 못한데도 어깨와 가슴 등에 새겨진 작은 불상은 너무나 또렷했다. 세상에 많이 알려지지 않는 석불이어서 더 큰 감동으로 밀려왔다.

불두가 잘려 나가 인공적 재료로 달아 붙인 석불. 옆 좌불은 불두가 없어져 코르타르 같은 재료를 뭉쳐 얼굴 형상으로 만들어 붙여놓았다. 그런데 배분이 묘하게 어울렸다. 목둘레는 시멘트다. 이것은 이질적이어서 보는 마음이 아팠다. 인간의 물욕은 이리 사납다.

당동리 1구 왼쪽 산등성이 너머 한적골에서 1930년대에 현 위치인 공터로 옮겨 왔다고 한다. 이때 불상 밑에서 작은 금불상이 나왔는데 일본 경찰에 압수당하였다고 한다. 그런데 이 불상은 관리소홀로 인하여 1981년, 1985년 두 차례의 도난을 당해 원형에 많은 손상이 갔으며, 더구나 1985년 도난시에는 회수하면서 대좌의 중대석을 찾지 못하였고 불두가 없어졌다. 하대석은 복엽팔판(複葉八瓣)의 원형대석으로 상면에 일단 와부형 고임대가 있다. 상대석은 원형이며 단엽종판의 양 련(蓮)이 팔판인데 판내에는 아무런 조각도 없다. 불상은 여래상으로 결가부좌한 강인을 하였는데 법의는 통복으로 가슴 앞에서 반원을 그리면서 양팔에 걸쳐 부드럽게 흘러 양 무릎을 덮었다. 불두고 110cm다.

(국립문화재연구소 홈페이지)

퍼붓는 폭우를 뚫고 고속도로를 달릴 때는 궂은 날씨를 우려했지만, 당도해서 보니 일부러도 이런 날을 택하기가 쉽지 않을 만큼 흡족했다. 바짓단이 젖는 것도 개의치 않고 왼쪽 오른쪽으로 오가면서 두 석불을 눈에 담았다. 풍로초님은 위치를 바꿔가면서 연신 셔터를 누른다. 화질이 좋지 못한 휴대폰이지만 나도 감동적인 석불을 찍어 저장했다.

남도의 비는 여전히 조곤조곤하고, 낯선 답사객을 맞이하는 건지 느닷없는 불청객을 탓하는 건지, 아니면 찬비에 젖는 날개깃을 걱정하는 건지, 바로 위 대숲에선 작은 새떼들이 소란스럽게 날개깃을 치며 날아다닌다.
　수런대는 대숲과 그사이에 좌정해 있는 석불이 있는 풍경. 그 풍경 아래로 마을은 고즈넉한 수묵화로 잠겨 있다. 늦가을 찬비만 내리지 않는다면 한 시간이고 두 시간이고 시름없이 석불 옆에 앉아 있어도 좋겠다는 생각이 시나브로 밀려왔다.

떠나온 우이도(牛耳島)

목적지 정하지 않고 떠나기.

정보 미리 알아가지 않기.

무작정 마음 끌리는 지명 그곳으로 가기.

그곳의 정서를 날것 그대로 맞닥뜨리기.

이번 여행계획은 즉흥이었다. 그러면서 조용한 바닷가는 확실히 정해놓았다. 미역을 채취해서 말리거나 멸치를 쪄서 말리는 광경을 신물 나도록 바라볼 수 있는 섬 바닷가, 잔잔한 파도와 혼교하듯 몇 시간이고 바라볼 수 있는 섬 바닷가, 문명의 이기로부터 멀리 떨어져 있는 섬 바닷가, 한 시간이면 마을 한 바퀴 다 돌아볼 수 있는 섬 바닷가, 낮고 순박한 담장 안에서 낯선 발걸음 소리에 컹컹 개 짖는 소리가 다 들리는 섬 바닷가, 석양이 몰리면 파도소리 귀에 담으며 소주 한 잔 나눌 수 있는 섬 바닷가. 우리 그런 곳으로 떠나자!
 에스와 나는 짧은 통화 한 번으로 단박 그렇게 결정지었다. 그리고 날을 잡았다. 한가위 명절이 끝난 금요일, 각자 가까운 터미널을 출발해 목포역에서 만나기로 했다. 에스는 수원터미널에서 14시 30분 발, 나는 동서울터미널에서 15시 40분 발 버스를 탔다.

 1층이냐, 2층이냐에 따라 사람이 갈린다. (섬에) 가는 사람. 놀러 가는 사람. 목포항을 출발한 섬 사랑 6호. 곧장 1층 선실에 들어가 바닥에 누울 태세인 이들은 대부분 섬에 사는 사람들이고, 한 바퀴 배를 빙 돌아보고서 2층 선실로 들어가거나 바깥 의자에 앉는 이들은 대부분 관광객들이다. 관광객들은 바다를 보아라, 저 섬을 보아라, 볼 것도 유난 떨 것도 많다.
 (전라도닷컴 남신희 기자)

"아, 잘 됐다!"
 우이도에서 목포까지 꼬박 네 시간을 배 타고 혼자 돌아가기 싫었던 에스는 빙그레 웃음 지었지만 나는 눈물이 나려고 했다. 하룻밤 만리장성을 쌓은 정도 아닌데 누가 옷깃을 부여잡는 것도 아닌데 자꾸 목울대가 시큰거렸다. 왜 그래? 이렇게 다급히 떠나면 안 되는 거잖아?

"모레만 배가 들어와도 하루 더 묵어가라고 하겠지만…."

이렇게 말하는 다모아민박 주인 박화진 씨 부부가 다 야속할 지경이었다. 이 양반들 참 장삿속 없네!

"에스야, 잘 가!"

좀 전, 잠자리에 누운 채 갈 채비를 서두르고 있는 에스에게 난 잘가란 인사로 하루 더 묵겠다는 통보를 했다. 직장에 매인 에스는 어쩔 수 없이 올라가야 했으므로 밤새 나 혼자 내린 결정이었다. 심성 착한 에스는 갑자기 왜냐고 묻지도 않고 선선히 끄덕여줬다.

"언니는 하루 더 묵을 거예요."

방을 나오면서 에스가 전하는 말에 민박집 안주인은 풍랑이 심해져 이틀간 배가 들어오지 못한다는 말로 인사를 받았다.

"아 그러면 곤란한데…."

에스 배웅을 나오다가 내처 방으로 뛰어 들어가 벌려 놓은 행장을 마구잡이로 꾸려 밖으로 나왔다. 배 시간이 다 돼 세수도 생략한 채였다. 양치는 미리 해두길 잘했지. 그런데도 마음은 계속해서 이곳에 남아있겠다고 버텼다.

경기 광주에서 서울 동서울터미널까지 한 시간 버스를 타고 왔다. 동서울터미널에서 목포 터미널까지 또 네 시간 삼십 분을 왔고, 목포터미널에서 다시 버스를 타고 목포 여객터미널까지, 거기 관해장에서 하루 숙박하고, 네 시간 배를 타고 들어온 우이도의 끝 돈목리였다. 이 긴 여정을 다시 또 거쳐 온다는 것이 쉬운 게 아니란 걸 마음도 파악한 것이다. 그러나 또 현실적인 비용을 생각 안 할 수가 없었다. 가만있어 봐라. 하루 더 보태 이틀을 묵는다면, 숙박비와 식사비를 합쳐서… 음, 이것도 만만치 않겠네. 그러나 새로운 시간을 들여 다시 온다는 것은 더 많은 경비가 지출된다. 어쩔까. 눈 딱 감고 이틀 더 묵을까? 방파제에 와서 거칠게 부서지는 파도에 눈을 모은 채 나는 그 짧은 순간에도 생각을 굴리고 또 굴렸다. 하필 이 때에 풍랑이 거세어질 게 뭐냐고. 아니면 배 운항을 한 번 더 해주던지. 아침 일곱 시에 딱 한 번 출항하는 배를 두고 에스와 나는 몇 번이나 아이참! 아이참! 풍랑을 원망했다.

멀리 성촌마을로 들어가는 배 '섬사랑6호'가 보인다. 돈목리 선착장에 배가 닿지 못하도록 집채만 한 파도가 일었으면 좋겠다는 마음 간절했지만, 그러나 섬사랑6호는 정확한 시간에 돈목리 선착장에 앞머리를 부렸다. 남고 싶은 내 마음 따윈 아랑곳없이 섬사랑6호는 두 손을 잡아끌어 에스와 나를 배에 올려 태웠다. 그렇게 우리는 짧은 하룻밤을 보낸 돈목리를 아쉬움으로 남기고 떠나고 있다.

우이도牛耳島. 소의 귀를 닮은 섬의 생김새에서 유래했다 한다. 이곳 사람들은 '산태'라고 부른다. 우이도의 모래 언덕은 바람이 빚어낸 풍성사구. 조류가 밀물 때 언덕 북쪽 해안에 모래를 올려놓고 물러나면 썰물 때 북서풍이 몰아쳐 언덕으로 모래를 밀어 올린다. 오랜 세월동안의 수많은 반복. 모래언덕은 그러므로 거대한 시간의 더미이기도 하다. 모래 언덕의 높이는 80미터. 경사도는 30~33도로 알려져 있다.

(네이버 지식IN)

이층 선실은 에스와 나뿐이다. 일층 선실은 성촌마을에서 승선한 남자 승객 하나. 어제 만난 선장이 올라와 선실 바닥에 난방을 넣어주며 인사를 하는데 다시 눈물이 나려고 했다. 이제 정말 섬을 떠나는구나. 방목돼 있는 노란 눈을 가진 까만 염소도 더 봐야 했고, 모래색을 띤 엄지손톱만한 달랑게와도 더 숨바꼭질을 해야 했고, 칠흑 같은 우중의 밤 산책길에 만난 카오스 고양이도 한 번 더 만나야 했다. 가보지 못한 성촌마을 뒤의 큰대치미 해수욕장도 가봐야 했고, 어슬렁어슬렁 느릿느릿 섬 주위도 둘러봐야 했다. 민박집 주인 박화진 씨를 따라가 물고기 잡는 구경도 해야 했고, 정말이지 파도 부서지는 방파제 앞에 몇 시간을 꼼짝 없이 서 있어봐야 했다. 불현듯 민박집 모기가 떠올라 미안했다. 밤새 내 피를 나눠간 것도 아닌데 민박집 벽에 화석으로 남겨준 건 또 뭐람.

선체가 출렁이고 있다. 풍랑은 파도의 높낮이에 따라 작은 섬들을 들었다 내려놨다 한다. 에스는 뱃멀미에 바짝 긴장을 한다. 돈목리를 떠나오는 서운함도 잊은 채 나는 흔들리는 선체의 스릴을 한껏 즐긴다. 선채가 기우는 쪽으로 몸이 주르륵 미끄럼을 탄다. 그럴 때마다 에스와 나는 각본에도 없는 즉석 연극대사를 친다. 에스야, 나 불렀니? 아아니, 난 언니 부른 적 없는데? 그러면서 깔깔댔다.

즉흥연극 대사를 선실에 놔두고 에스와 나는 뱃전에 나와 거칠게 몰아치는 바닷바람을 맞는다. 시퍼렇게 이는 풍랑을 말없이 내려다본다. 하루쯤은 난바다에 시달려도 나쁘지 않겠다는 생각이다. 애인 김우진과 대한해협에 뛰어든 윤심덕처럼 나도 이 난바다에 풍덩 뛰어 들어볼까 하다가 함께 뛰어들 애인이 없으니 그만 참기로 한다.

뱃전에 기대서서 각자 생각에 빠져 있는 에스와 나를 지나가는 보트 하나가 흔들어 깨운다. 대여섯 명의 주황색 구명조끼를 입은 그들은 에스와 나를 향해 마구 손을 흔든다. 풍랑의 바다에서 만났으니 반갑다는 인사일 터였다. 에스와 나도 그들을 향해 힘차게 손을 흔든다. 우리도 태워줘요오오. 크게 손나발도 불어본다. 이른 아침 출렁이는 난바다에 작은 보트를 띄운 저 사나이들은 누구일까. 거친 파도를 헤치고 어디로 무슨 일로 가는 걸까.

도척도에 배가 닿는다. 우이도에서 가장 큰 번화가이다. 교회도 있고 노래방 간판도 보인다. 식당도 즐비하다. 트럭과 자동차도 다닌다. 어제의 해프닝이 생각나 절로 웃음이 나온다.

도척도에서 선객들이 다 내리고 에스와 둘이 남은 이층 선실에 선주가 나타났다. 선주는 우리에게 어디까지 가느냐고 물었다. 우이도라고 대답하자 우이도 어디냐고 물었다. 우리는 그냥 우이도요 했다. 선주는 우이도까지 표를 끊은 선객은 한 사람밖에 없다는 것이다. 일층 선실에 있는 섬사람이라고 했다. 선주는 고개를 갸웃대더니 항해실로 따라와 보라고 했다. 호기심에 가득 차서 그의 뒤를 따라갔다. 다시 똑같은 문답이 이어졌다.

―우이도 어디까지 가시오?

―우이도요.

―우이도는 다섯 군데가 있소.

―우린 그냥 우이도에 가요.

그는 답답한 듯 우이도의 어디, 어디, 어디라고 지명을 대는 데, 처음 듣는 그곳을 우리가 알고 있어야 말이지.

―거긴 모르겠고, 우린 우이도까지 표를 끊었어요.

그가 표를 살피더니 우리가 도척도까지만 끊었단다. 그래서 퍼즐 맞추기가 시작됐다. 목포에서 뱃삯이 만오천 원이 다 되는 걸로 알고 있었는데 우리가 끊은 뱃삯은 만 원이 채 안 되는 거였다. 어쩐지 싸다 했어. 조용히 듣고만 있던 에스가 한마디 했다. 선주는 우리에게 어디까지 가겠냐고 물었다.

― 우리의 목적지는 아주 조용한 곳이에요.

― 우이도에서 가장 조용한 곳은 돈목리요.

― 그럼, 그곳으로 데려다주세요.

그렇게 일인 오천 원씩, 만 원을 더 내고 뱃삯 퍼즐은 맞춰졌다.

그랬다. 우리는 목포에서 우이도로 떠나는 12시 20분 배 시간 정보를 가지고 있었다. 하룻밤 묵은 해관장(海觀場) 숙소에서 느긋하게 나와 근처 식당에서 아침을 먹고는 일단 표부터 예매해 놓자고 여유를 부렸으니까. 그런데 "배 시간이 9분 남았습니다" 하는 매표소 직원의 말에 쌍화탕도 사들지 못하고 허둥지둥 뛰어 도착해 있는 '섬사랑6호' 배에 올랐던 것이다. 올해부터 출발시간이 오전 11시 30분으로 변경된 것은 모르고 있었던 실책이었다. 우리가 매표소 직원에게 우이도까지 간다고 말했을 때, 여직원은 우이도의 도척도냐고 물었겠지. 촉박한 시간에 당황했던 우리는 생각 없이 그렇다고 대답했을 것이다. 표 살필 새도 없이 선착장으로 달려가 승선하면서 곧바로 표를 건넸으니 우이도가 도착지인 것만 확실히 알고 있었던 해프닝이었다.

우르르 선객들이 몰려오고 자동차도 오른다. 오롯이 둘만의 차지였던 이층 선실이 한 무리 중년 남녀로 시끌벅적 채워진다. 에스와 나는 자연스럽게 한쪽 구석으로 밀려난다. 그러다 시끄러운 선객들을 피해 뱃전에 나와 바다를 본다. 도척도를 지나며 바다는 거짓말처럼 잠잠해졌다. 밋밋한 바다 보는 재미도 덜해지고 몸살 기운도 다스릴 겸 다시 선실로 들어와 구석 한쪽에서 잠을 청하기로 한다. 그러나 웃고 마시고 떠드는 관광객들의 줄기찬 소란에 잠들기도 쉽지 않다. 뱃멀미가 아니라 바다에 와서조차 사람멀미를 한다. 선잠을 자는 둥 마는 둥 세 시간 동안 인간들의 소음에 시달리다 목포 육지에 닿았다.

12월 31일의 소래포구

지난 12월 31일, (며칠 새로 해가 바뀌었다) 인천 어느 북 카페 모임 날짜에 헛다리치고 인천 구월동 모래내 시장 앞에서 일반 버스를 타고 소래포구에 갔다. 버스를 타고 초행길을 가는 긴장과 낯선 설렘. 20번 버스가 소래마을 종점에 나를 내려줬을 때, 와 여기다 소래포구다! 생굴이 가득 쌓여있는 생굴더미를 보면서 나는 아이처럼 흥분에 차 어쩔 줄 몰라 했다.

소래포구(蘇萊浦口)는 인천 남동구에 있는 포구로 어민들이 10톤 미만의 어선을 이용해 어업에 종사하는 작은 포구 마을로, 어종은 새우·꽃게·민어·농어·홍어·광어·낙지 등 다양하다. 이 지역의 생선은 매일 조업으로 그 선도가 높기로 이름이 났

으며, 하루의 휴식을 즐길 수 있는 관광포구로 발전하여 서울·
인천을 비롯한 주변 도시의 주민들이 많이 찾고 있다.

(위키백과)

 연탄불에 구운 가래떡 하나를 입에 물고 어시장 투어에 나섰다. 뭐 볼 게 있다고 가요? 쓸쓸하기만 하지. 내게 소래포구 가는 시간을 알려주던 버스정류장의 사내는 혼자라는 게 얼마나 멋진 일인지 모르는 모양이었다. 옆 사람 신경 쓰지 않고 시간 구애 없이 마음 내키는 대로 지나치고 싶으면 지나치고 들여다보고 싶으면 멈추는 이 자유로움을. 나는 소래포구를 봐야한다는 것도 잊은 채 눈 팽팽 돌려가며 어시장을 구경했다. 이렇게 많은 꽃게들을 난생처음 본다. 입구에서부터 상점마다 넘쳐나는 꽃게들, 꽃게들, 또 꽃게들. 생물 게와 냉동 게와 알배기 게. 붉은 이 꽃게와 푸른 저 꽃게 색이 왜 다르냐고 나는 묻고, 상인은 국산과 중국산의 차이라고 답해준다. 너무 싼 가격에 나는 자꾸 입이 벌어진다. 국산 게 1킬로그램에 만 오천 원. 마음 같아서는 보는 대로 다 사 들고 가 간장게장 양념게장을 담가보고 싶지만 할 줄 모르니 눈에만 실컷 담고 다닌다.

 어시장의 활력은 무한이다. 여자 상인들의 저 힘찬 에너지는 어디서 나오는 걸까. 구경만 하고 다니는 나를 시장 상인들이 불러세

운다. 나는 산더미처럼 쌓아둔 새우젓 값을 물어보고, 팔팔 뛰어오르는 활어를 들여다보고, 날렵하게 회 뜨는 손놀림을 구경하고, 처음 보는 생선 이름과 음식 방법을 물어보고, 둘러보고 다시 오라는 상인의 명함을 받아 든다.

 이제 포구를 둘러보자며 북적북적한 어시장을 빠져나왔다. 바다는 썰물이었고 폭은 좁았다. 갯벌에 몇 마리 갈매기가 앉아 있다. 아까 버스정류장 사내 말대로 겨울 포구가 좀 쓸쓸하긴 쓸쓸했다. 그러나 텅 비어 있어, 또 좋았다. 금지표시 줄을 잡고 한참을 서 있다가 몸을 돌렸다. 뒤가 바로 난장이다. 헐렁한 여백이 있어 구경하기엔 더없이 좋은 난장. 맨바닥에 무질서하게 생선을 펴 놓고 손님을 부르고 있다. 펼쳐놓은 바다고둥이 참 많기도 했다. 살아있는 골뱅이도 처음 봤다. 새벽에 바다에서 건져 올렸다는, 꿈틀 미끄러지는 뱀장어와 움직이는 게를 플라스틱 바가지에 푹 떠 저울에 무게 달아 비닐봉지에 담아준다. 원시적인 광경이 신기해 한참을 구경했다. 사고파는 상거래가 난장답게 싱싱하고 건강했다. 그러다 난장 힘에 이끌려 나도 그만 해물을 사고 말았다. 겨울에만 잠깐 나온다는 처음 보는 꽃게. 쪄먹고 무쳐 먹고 게장 담가 먹고 삶아 먹으면 된다는 상인 말에 만 원어치를 샀다. 바가지에 한 가득이다. 망설이고 망설이다 김칫국에 넣어 끓여 먹기만 하면 된다는 말에 팔뚝만 한 물텀벙을 오천 원에 두 마리 사들었다. 사들긴 했지만 생전

만져보지도 먹어보지도 못한 이 물텀벙 맛을 제대로 낼지는 나도 의문이다.

시장 안에서 막 버무려 내오는 명란젓갈과 모래내시장에서 사든 국물용 멸치와 볶음용 멸치까지 보태니 양손이 버겁다. 아차 싶었다. 오른쪽 팔꿈치 염증이 계속 통증을 보내고 있어 이 무게를 들고 갈 일이 태산이다. 그런데 소래포구 사람들 참 친절했다. 한 손엔 손가방을 다른 한 손엔 검은 비닐봉지를 무겁게 들고 버스 타는 곳을 물을 때마다 세세히 알려주었다. 식당 앞에 나와 바람잡이 하는 칼국수 식당 주인의 친절함이 고마워 시장기가 없는데도 식당으로 들어가 바지락칼국수 한 그릇을 주문했다.

인천터미널 가는 38번 버스를 타고나오며 오늘 갈아타고 다녔던 인천 버스 번호를 머릿속으로 정리했다. 인천터미널에서 구월동 모래내까지는 36번 일반버스. 모래내에서 소래포구까지는 20번 일반버스. 소래포구에서 인천터미널까지는 38번 일반버스. 시간은 30여 분 거리. 이러다가 인천길이 훤해지겠다고 혼자 흐뭇해했다.

인천터미널에서 성남 모란까지 직통으로 운행하는 버스를 기다린다. 오후 네 시. 바람은 점점 차가워진다. 추위와 노곤함이 급 몰려온다. 두 손 가득 짐을 들고 두 번이나 더 버스를 갈아타고 광주집 갈 일이 꿈같아진다. 핸드폰을 꺼내 SOS를 쳤다. 모란까지 마중 나와 달라는 말에 남편은 택시 타고 오라며 냉정하게 자른다. 서럽다. 나 혼자 먹자고 이 많은걸 사 들고 가는 게 아닌데도. 그래 좋아! 팔 허리가 똑 끊어져 바닥에 쓰러져 죽어도 상관 마! 이 엄포에, 엄마가 그리되면 안 되지! 심한 감기로 콜록대던 딸은 모포를 뒤집어쓰고 남편 차에 동승해 모란역까지 마중 나와 주었다.

소래포구

소래포구는 1933년 소래염전이 들어서고, 1937년 국내 유일의 협궤열차가 다니는 수인선이 개통됨에 따라 발전된 마을이다. 1918년 조선총독부에서 발간한 축척 1:50,000 지형도에 보면 소래포구는 바다 한가운데 비쭉 나와 있는 곳으로 시흥시 월곶동으로 건너다니던 도선장이었다. 그리고 시흥시 포동(당시는 포리) 새우개까지 바다였다.

그후 1974년 인천내항이 준공된 후 새우잡이를 하던 소형어선의 출입이 어려워지면서 한산했던 소래포구가 일약 새우파시로 부상했으며 지금은 새우 꽃게 젓갈 등으로 널리 알려져 년 평균 300만명의 인파가 몰리는 관광명소로 발돋움하였다. 그리고, 세월의 뒤안길로 사라진 수인선 협궤열차는 썩은 침목위에 흔들리는 레일만이 그때의 모습을 회상하게 한다.

'소래'란 지명은 첫째 지형이 소라처럼 생겼다는 설과, 둘째 냇가에 숲이 많다, 즉 솔내(松川)에서 유래되었다는 설, 셋째 지형이 좁다, 즉 솔다→좁다 등의 이유로 비롯되었다고 한다. (소래포구 어귀 안내판)

남한산 벌봉 가는 일기

한봉 5.0km. 벌봉 9.0km. 수어장대 11.1km.

오후 1시 42분. 다시 전의를 다진다. 열흘 만이다. 폿말 앞에서 등산화 끈을 바짝 조여 맨다. 광지원 노적산 오르는 초입에서 벌봉 재등반 시작.

광지원 초입에서 노적산 오르는 길은 완만이 없다. 정상까지 가파른 삼각형 꼭짓점이다. 헉헉 숨이 당기며 벌써 갈증이 온다. 노적산 정상까지 갈증을 참아보기로 한다. 지난번엔 산행 여섯 시간 내내 물 한 모금 마시지 않고도 견뎌냈다. 그러나 가파른 길을 오를수록 갈증은 점점 심해진다. 오늘 한낮 최고의 기온은 35도. 중간쯤에서 생수병을 꺼낸다. 갈증은 가셨지만 이제 물로 채워진 뱃속이 걸음 따라 출렁거린다. 심장박동 압박이 올 때마다 잠시 멈추어 뒤

돌아본다. 이 폭염에 무모하게 산을 오르는 사람은 나 말고는 아무도 없다.

드디어 노적산 정상. 388.5미터. 시간은 오후 2시 22분.

남한산성 입구에서 노적산 0.5킬로미터 거리를 꼭 사십 분 만에 올라왔다. 한번 밟았던 길이어서 둘러보는 시간은 짧아졌고 그만큼 걸음은 빨리 옮겨졌다. 그러나 내뿜는 폭염 속을 오르느라 힘은 배나 소모됐다.

노적산 정상에 세워진 푯말을 체크한다. 벌봉 6.0km.

지난번에 만났던 산객은 바로 여기서부터 진짜 남한산 등반이 시작되는 거라고 일러주었다. 두 시간 넘는 거리니 하산까지는 무리일 거라고 걱정도 해주었다. 여기서 두 시간을 더 가야한다고? 그 순간 잠시 흔들렸었다. 여기서 접을까? 시간은 오후 다섯 시, 일곱 시까지는 해가 남아있으니 두 시간이라면 큰 무리는 없을 거라고 자신감을 주입시켰다. 중단할 것 같으면 아예 시작하지도 않는다는 평소의 신념도 한몫했다. 벌봉까지 가서 남한산성 버스종점으로 내려가 버스를 타고 귀가할 계획이었다. 그때 대체 뭘 믿고 그리 겁 없이 굴었을까. 미리 알았더라면 절대 강행 못 했을 일이었다.

평지에 가까운 남한산 등산로로 접어들면서 나는 짐짓 여유로워진다. 발걸음도 사뭇 경쾌해진다. 혹시 남성 산객이 뒤따라오나 (산짐승이 아니라 생판 남자가 무섭다) 몇 번을 뒤돌아보던 마음도 가라앉는다. 이 정도 산행길이면 걱정이 없다. 노래도 흥얼대고 목청껏 울어대는 매미소리도 흉내 내고 이것저것 해찰도 부리면서 산행을 즐긴다. 각양각색의 야생버섯들이 많이 사라져 버렸다는 것 빼곤 열흘 전보다 달라진 게 없는 숲이다.

또 푯말이 나타난다. 오후 2시 46분. 엄미리(은고개) 1.5km, 노적산 0.5km, 수어장대 9.0km, 벌봉 6.0km.

분명 노적산 정상에서 벌봉까지 6.0킬로미터라고 적혀있었는데, 이십여 분을 더 올라온 여기서도 벌봉까지는 6.0킬로미터다. 시간 넉넉한데 아무려면 어떤가. 길옆으로 산초나무가 지천이다. 열흘 전엔 꽃송이더니 벌써 통통한 열매를 달고 있다. 사찰에서 귀한 손님에게만 내놓는다는 산초열매 장아찌가 생각나서 몇 송이 따서 냄새를 맡는다. 향이 짙다.

거의 두 시간을 왔는데도 스치는 산객이 없다. 지난번엔 노적산 오르는 초입에서 달리듯 하산하는 젊은 산객을 만났고, 노적산 정상에선 내 산행 시간을 걱정해 주던 어르신 산객을 만났었다. 그리고 바로 이쯤에서 하산하는 산객 부부를 만났다. 벌봉까지 멀었나요? 내가 벌봉을 묻자, 혼자 무섭지 않으세요? 여자는 되레 놀란 눈으로 반문했었다. 두 시간은 더 가야 한다면서 여자는 곁길이 나오더라도 눈길 주지 말고 큰길만 쭉 따라가라며 내 등 뒤에 대고 소리쳤었다. 지금 시간 오후 3시 10분. 시간은 충분했다. 정상적인 걸음으로 밟아 올라간다면 벌봉에서 이 길을 되짚어 하산까지도 시도해 볼 수 있겠다 싶었다.

우뚝 솟은 송전탑이 길을 막는다. 와우! 지난번에도 이 송전탑을 올려 봤었다. 조금 더 가면 송전탑 하나가 또 나온다. 저 위 몇 미터 앞에선 뱀을 만났었다. 뱀은 사람 발자국에 놀라 내 발밑을 스르륵 가로질러 수풀 속으로 숨어들었다. 놀라긴 나도 마찬가지여서 그 자리에서 우뚝 서서 배앰-? 배앰-? 마구 소릴 질렀었다. 그리고 튀어 달아나는 갈색 개구리를 만났고 산 고양이와 맞닥뜨렸었다. 그런데, 대체 어떻게 엄미리로 빠졌을까. 오르는 내내 양옆을 살펴보지만 사람 발길 닿은 곁길은 없다. 벌봉을 지척에 두고 어두워지는 시간 때문에 허둥지둥 하산 결정을 했을 때, 나는 분명 이 송전탑을 지나쳐 내려갔었다. 정신없이 달려가다가 비탈길에서 엉덩이 미끄럼을 타기도 했었다. 분명 여기까지는 옳게 되짚어 내려왔었다. 그런데 대체 어느 곳에서 엄미리 가는 길로 빠진 것일까.

"서문입니다. 산에 오나요?"

오후 3시 18분. 인터넷저널 촛국장으로부터 문자가 날아든다.

"지난번 길 잃어 중단했던 벌봉 재등정 중입니다."

나는 통화 버튼을 눌러 씩씩하게 대답한다.

"그럼 벌봉까지 얼마나 걸립니까?"

"글쎄요. 안 가본 길이어서 시간은 잴 수가 없겠는데요?"

벌봉 위치를 모르는 ㅊ국장은 일단 북문으로 내려가 있겠다며 30분 후에 재통화의 시간을 남긴다. 자, 다시 벌봉으로 출발.

> **벌봉에 깃든 정기를 날려버린 청태종**
>
> 남한산성 동장대지 동북쪽에 커다란 바위가 있다. 바위가 포개어져 가파르게 솟아 있고, 그 아래에는 사람이 간신히 들어갈 수 있을 정도의 틈이 나 있다. 이 바위를 벌봉 또는 벌 바위라고 부른다. 옛날부터 벌이 이 바위에 집을 짓고 살았다고 해서 벌암, 벌바우, 벌봉이라 불렸다고 하며, 암문 밖에서 이 바위를 보면 그 모양 또한 마치 벌과 비슷하다고 한다.
>
> 벌봉은 옛부터 영험이 있는 바위라고 해서 치성을 드리는 장소였다. 지금도 이 바위는 정기가 서려 있어 그 영험이 대단하다는 소문 때문에 치성을 드리러 오는 무속 신앙인들이 많다. 바위 주변에는 제단도 따로 마련되어 있을 정도이다.

서울도성 성곽길을 따라
- 낙산공원에서 이화동 벽화마을까지

석양을 등지며 성곽 비탈을 올라왔다. 내려다보는 풍경이 아름답다. 지리 방향은 정확히 모르겠으나 아마도 왼쪽으로부터 대학로, 혜화동, 삼선동, 돈암동 방향으로 연결됐을 것이다. 오른쪽 가까운 아래로 한성대학교 간판이 붙은 건물이 보인다. 성곽 끝 지점에서 만난 세 여성들에게 저기가 돈화문 쪽인가요? 물으니 그들도 잘 모르겠단다. 눈 밑 아래로 녹색 버스가 올라온다. 동대문역에서 낙산공원까지 오가는 마을버스다. 뭐랄까. 묘한 두근거림이랄까. 낯선 지리를 만나는 즐겁고 설레고 뛰는 감정이다. 동대문에서 내려 창신동을 둘러보고 이화여대병원이 있던 자리부터 시작된 성곽을 따라 쭉 오르는 내내 그런 감정이 이입됐다.

겨울철 평일에, 그것도 오후 다 늦은 시간에 성곽길을 오르는 사람은 나밖에 없다. 성곽 시작점에서 뒤돌아보니 동대문 중심으로 두산타워와 밀리오레 건물이 우뚝 보이고 동대문 상가 등 큰 건물도 빙 둘러 있다. 그 중심 도로에는 수많은 차량과 사람들이 분주히 오간다. 겨우 몇 발자국 거리를 두고 딴 세상 같다. 성벽은 석양 빛을 받아 붉게 빛난다. 좁은 성벽 길을 오르기 전에 휴대폰을 꺼내 빙글 돌아가며 마치 딴 세상인 듯한 도심 거리를 영상으로 담는다.

> 동산 성곽길을 따라 낙산공원에 오르면 서울의 동과 서, 그리고 남과 북을 동시에 볼 수 있다. 나라 잃은 개화파들이 힘든 시절을 살아 견디어 내고 마침내 나라를 되찾은 곳, 봉제공장 누나들이 춥고 배고팠던 시절을 살아 견디어 내고 동생들을 공부시킨 곳, 동촌이다.
>
> (최석호 외, 『골목길 근대사』)

성곽을 가운데 두고 오른쪽은 창신동이고 왼쪽은 충신동이다. 창신동에서 동생과 첫 자취하던 시절이 있었다. 창신동에서 충신동을 지나 일터가 있는 혜화동까지 걸어 다녔다. 충신동을 지나면 곧바로 대학로로 이어진다. 성곽 해설사가 따라붙었으면 폭풍 질문을 해댔을 것이다. 궁금한 것이 그만큼 많았기 때문이다. 이 성벽은 왜 복원됐으며, 복원된 이유(이유가 따로 있겠나?)가 무엇인지, 성곽 화강암 색깔이 다른 것으로 보아 복원 시기가 달랐던 것인지, 세월 묻은 성곽 돌은 어느 시기에 쌓아진 것인지 등등. 이 성곽도 적을 막기 위해 쌓은 것인지, 성곽 이쪽저쪽으로 어느 쪽을 보호하기 위해 쌓여졌던 것인지… (지금 글을 쓰면서 불현듯 떠오른 생각. 적의 침입을 막기 위해 쌓아진 성곽이 아니라, 밤에 사대문 안으로 들어서는 민초들을 막기 위해 만들어진 성곽이 아니었을까?) 남한산성 역사아카데미에서 우리나라 성곽 공부를 한 탓에 동대문 성곽까지 적의 침입을 막기 위해 쌓여졌을 거라 지레 짐작하다니 머리 쿵! 그러게 서울도성 공부를 대충이라도 짚고 왔어야지! 그러나, 또 미리 알고 오면 재미와 호기심이 떨어지잖아. 음 그렇다면? 창신동 쪽에서 종로 나가는 통로에 사대문의 하나인 동문이 세워졌는데, 왜 성곽은 창신동 쪽에서 비탈 벽일까? 어느 날에 문득 답이 찾아올 것이다.

왼편으로 예전에 없던 큰 건물이 하나 들어서 있다. 지나치며 보니 서울도성박물관이다. 날 잡아 박물관 구경을 해야겠다 마음먹으며 계속해서 성곽길을 오른다. 성곽 길이가 어디에서 끝나는지도 모르는 상태. 성곽을 가운데 두고 양쪽은 확연히 다르다. 왼쪽으론 70년대 집들이 종종 보인다. 낮고 아담하다. 대문 앞에 연탄재도 쌓여있다. 아래서 위로 오르는 하나의 골목인데 건물 높이조차 서로 다르다. 같은 장소에서 기시감이 이렇게 다를 수 있다는 것이 신기했다. 과거와 현재를 한꺼번에 보고 있는 느낌이다. 과거의 추억을 마음에 담고 사진으로도 남긴다. 일곱 시 행사에서 만날 ㅇ시인의 메시지가 뜬다. 자흔 샘, 금방 어두워지니 서두르셔요.

  성곽 끝나는 중간 지점이 낙산공원이다. 여기 처음 와서야 이곳이 바로 낙산공원이란 것을 안다. 궁금증 하나가 해결된다. 이제 도심 불빛이 하나둘 켜지기 시작한다. 순했던 바람이 차게 일어선다. 이제 슬슬 내려가 봐야겠다. 지척인 것은 확실하지만, 낙산공원에서 행사가 있는 대학로 학전소극장까지 시간은 가늠할 수가 없다. 여러 갈림길이 있으니 잘 알고 내려와야 한다고 ㅇ시인이 염려를 넣는다. 가만있어 봐라. 어디로 길을 잡을까. 처음 성곽을 따라 올라올 때는 되짚어 내려가는 것에 목표를 두었다. 예전 일터 다니던 충신동 길로 추억삼아 걸어가 보자던 생각이 자꾸 끌어당겼으므로. 그런데, 이화 벽화마을이 바로 코앞에 있으니 그냥 지나칠 수가 없다. 일부로도 오는데! 하면서 나는 일단 이화 벽화마을도 둘러보기로 한다. 시간을 보니 다섯 시 사십 분, 행사 시간은 아직 넉넉하다. 도심에서 어둠은 크게 걱정할 필요가 없다. 남한산성 캄캄한 산길을 혼자 내려온 것도 부지기수인 나다. 작은 건물마다 벽화가 그려진 골목으로 발길을 잡는다. 그래도 혹시 모르니, 골목 초입의 작은 구멍가게 앞에서 대학로 내려가는 길을 묻는다. 이쪽으로 쭉 내려가면 바로 대학로가 나온다고 주인이 아주 친절한 미소로 알려준다. 됐다. 한껏 여유가 생긴다.

　벽화 구경하면서 내려오는데 있을 건 다 있다. 공예방, 카페, 책방, 주점, 음식점 등등. 모두가 너무 작아서 팔 벌리면 다 품에 안길 것 같다. 독특한 상호를 붙인 '개뿔'이란 가로등 간판에 불이 활짝 들어와 어둑한 저 아래 골목까지 비쳐준다. 그러다 세 마리 고양이를 발견했다. 두 마리 고양이가 하얀 이층집 앞에 나와 있다. 한 녀석은 계단을 오르고 한 녀석은 길게 몸 늘여 이층 창문을 두드리고 있다. 냐아옹- 나왔어요, 문 열어주셔요, 하는 듯이. 담장 위 커다란 나무 위에는 고양이 한 마리가 올라앉아 골목을 살피고 있다. 세 마리다 그림인데 고양이는 실물처럼 생동감 있다. 고양이 특성을 제대로 알고 있을 것이며 분명 고양이와 한 지붕 아래서 동거하는 사람일 것이다.

　건물은 거의가 단층이다. 그리고 벽은 흰 색칠이다. 예술마을로 지정됐던지, 함께 사는 사람들이 어울려 만들어 냈을 것이다. 오래 전에 생겨난 골목과 낮은 집들이 서울 도심에 그대로 유지되고 있는 게 고마웠다. 작고 낮은 집은 오래돼서 더 가치 있어 보인다. 내려가는 좁은 골목은 경사로 이어졌다. 게걸음으로 조심조심 계단을 내려간다. 빙판길이면 어쩔 뻔했나. 올라오는 길이라면 계단 계단에 무릎이 꽤나 무리 받았을 것이다. 거의 다 내려온 골목에서 서류가방을 들고 재빠르게 오르는 중년 남성과 스친다. 퇴근길일까. 가장이란 이름을 달고 좁고 가파른 비탈길을 수없이 올랐을 삶의 무게로 다가온다. 불현듯 서글퍼지는 마음. 이유는 알 수 없다. 곧이어 작은 약국이 나타난다. '엄마 손은 약손이다'처럼 약국은 한없이 따스하고 자애로운 불빛을 내주고 있다. 저곳에서 약을 사 먹으면 곤궁한 삶마저 단번에 훌훌 떨어져 나갈 것만 같다.

커다란 담벼락에 기댄 어둑한 골목을 벗어난다. 곧바로 대학로가 나온다. 이화동 골목길과 몇 발자국 차이로 대학로는 불빛으로 휘황찬란하다. 높은 빌딩이 우람하게 서 있고 빠른 차량과 젊은 인파로 활력이 넘쳐난다. ㅇ시인이 목 빼고 기다리고 있겠다. 행사장으로 가는 내 발걸음이 바빠진다.

겨울 남한산행

"아유, 손끝이 얼음장이네!"

그녀는 커피를 받아 든 내 손을 따뜻한 손으로 꼭 감싸 쥐었다. 천주교 성지 순례지에서였다. 15-1번 버스를 타고 남한산성 기착지에서 내려 곧장 천주교성지로 발길을 옮겼다. 먼저 아기예수가 태어난 말구유간을 둘러보았다. 내 몸이 추워서일까. 성모마리아와 요셉이 고개 숙여 두 손 모으고 있는 말구유간이 참으로 스산해 보였다. 말구유에 아기예수는 보이지 않고 작은 짚신 한 켤레가 놓여있다. 아기 예수가 자라 신을 고난의 신발이겠지. 따뜻한 온기가 그리워 종지 모양의 촛불 앞으로 발길을 옮겼다. 바지 발목 밑으로 찬바람이 숭숭 들어왔다. 산에 오면서 이리 허술한 차림으로 오다니…. 준비성 없는 자신을 탓해가며 스웨터와 오리털 조끼 모자를 머리끝까지 올려 썼다. 목도리까지 칭칭 돌려 맸는데도 몸은 여전히 시려왔다.

그때 한 무리 중년 여인들이 천주교 사무실 앞으로 걸어왔다. 손에 든 커피가 너무 따뜻해 보였다. 어디 가면 커피를 마실 수 있나요? 나는 커피잔을 들고 있는 여인에게 물었다. 여인은 사무실에서 커피를 타 줄 테니 잠시만 기다리라고 했다.

여인들이 들어간 사무실 앞에서 따뜻한 커피가 나오길 기다렸다. 사무실 앞에는 묵주나 세례명이 새겨진 열쇠고리가 진열돼 있다. 타종교를 가진 나였지만 어떤 동질성이랄까, 묵주를 보면서 참으로 평온해짐을 느꼈다. 가나다순으로 진열된 고리에서 시몬 이름을 찾았다. 한때 연정을 품었던 ㅈ선생님의 세례명이 시몬이었다. 처음 방문한 기념으로 뭐라도 하나 간직하고픈 마음 간절했으나 달랑 버스카드만 들고 왔으니 눈으로 담아가는 것으로 아쉬움을 달랠 수밖에 없다.

타 줄 커피를 깜빡 잊었는지 모르겠다는 생각이 들 때쯤, 그녀는 박꽃처럼 환한 웃음으로 내게 일회용 커피잔을 건넸다. 좋은 하루 되세요! 상냥한 말도 잊지 않았다. 그녀와 짧은 인사를 나눈 후 돌아서서 두 손에 감싸 쥔 커피를 천천히 목에 넘겼다. 따뜻하고 싸르르한 인정. 참으로 고마웠다. 내가 마신 커피 중 최고의 커피였다.

기착지에서 한 정거장을 내려와 '야생동물 야생식물 보호' 등산로를 택해 오른다. 남한산성 길 중 가장 오붓한 길이다. 어딘지도 모르고 무작정 오른 초행에선 네 발 모으고 달아나는 고라니를 보았었다. '나만의 길'로 명명해 놓고 단풍 들고 낙엽 지면 꼭 이 길을 다시 오르리라 다짐해 둔 길이기도 했다. 녹음 짙은 한여름에도 이 길을 올랐고, 새빨갛게 단풍 진 시월에도 이 길을 올랐었다. 지난 시월 마지막 주말엔 벌봉에서 우연히 만난 ㅊ국장과 ㅅ기자와 일행되어 내려온 길도 이 길이었다.

산길을 오르자 몸에도 열감이 오른다. 조끼 모자 하나를 벗는다. 조금 후에 스웨터 모자마저도 벗는다. 금방 땀이 식는다. 이러다 감기들겠단 생각에 다시 모자 하나를 뒤집어쓴다. 추위는 가셨지만 걷는 게, 걷는 게 아니다. 나무 지팡이를 의지해 고개 들어 올리면 아지랑이 같은 노란 물체가 눈앞에 붕붕 떠다닌다. 불면증으로 날밤을 새우다시피 한 데다 아침 점심 합친 끼니가 김밥 한 줄에 커피 한 잔이었다. 거기에다 좀 전 성지순례지에서 받은 커피까지 보탰으니 위장은 쓰라림으로 요동이었다. 단잠 한번 자보자는 일념으로 산행을 강행하고 있는 나 자신이 조금 애잔했다.

저만치 왼쪽 갈래 길에서 올라오는 산객 어르신을 본다. 그 길이 궁금해 그냥 지나칠 수가 없다. 몇 걸음 기다려 인사를 건넨다. 아래로 내려가면 남한산성 도착점이 나온다는 말을 들으며 잠시 동행한다. 건강을 위해 매일 산행한다는 어르신 산객으로부터 이 길

정상에서 성곽 둘레를 따라 쭉 내려가면 장경사가 나온다는 새 정보도 얻는다. 그렇다면 이 길을 되짚을 것 없이 하산엔 새로운 길로 가보자고 나는 잔뜩 설렌다. 어르신은 소나무 숲으로 길을 잡아 떠나고 나는 다시 혼자가 된다. 혼자가 되니 다시 내면의 시간이 된다. 시간 구애 없이 무릎에 무리가지 않게 천천히 내 끌림대로 가다가 멈추고 또 돌아보기도 하고 먼 데도 바라본다. 일행이 있으면 든든하고 이것저것 산행의 정보도 얻으니 나쁠 거야 없겠지만 걷는 속도를 맞춰야 하고 이런저런 말 섞어야 하는 피로감이 동반한다. 그러고 나면 어쩔 수 없이 몰려오는 허탈감. 그래서 혼자만의 산행을 즐기는 것인지도 모르겠다.

어디시오? 동장터 앞에서 ㅊ국장에게 전화를 넣는다. 으응? 벌써 산행 마치고 마천역으로 돌아가는 길이란다. 저녁에 일이 있단다. 만나면 으레 막걸리 한 잔 놓고 정담을 나누다 (광주 버스가 일찍 끊겨) 성남으로 돌아 귀가한 적도 있으나 오늘은 그런 번다함이 줄어들었으니 이 또한 나쁠 거 없다. 동장터 앞에서 잠시 생각을 고르다가 벌봉길을 생략하고 장경사가는 길로 발길을 내려 잡는다. 성곽 둘레를 따르지 않고 산길을 택한 것은 산객들의 번잡한 걸음을 피해서였다. 남한산행에서 이렇게 많은 산객을 만나기도 오늘이 처음이다. 나보다 늦게 산을 오르는 산객들을 만난 것도 처음. 가는 계절이 아쉬운 탓인지 많은 사람이 초겨울 산행을 즐기고 있다. 나처럼 혼자서, 또는 젊은 연인끼리, 부부끼리, 가족끼리, 전문 산악인끼리 무리들을 지어서 남한산에 올라 있다.

이 길은 초행이니 지나는 산객에게 장경사 가는 길을 확인해 두는 것도 잊지 않는다. 대체 이 길엔 뭐가 있을까? 혼자 묻고, 산길이니 나목이나 바위나 낙엽이 깔려있겠지! 혼자 대답한다. 그래도 가지 않았던 길을 가려니 나는 또 호기심이 발동한다. 단풍 떨군 숲이 환이 트여 초행길에도 긴장이 없다. 딱따구리가 쪼아댔을 나무 구멍 속을 들여다보고 길을 막고 누워있는 소나무도 참견한다. 밑동에서 꺾여나간 소나무를 따라가 뿌리에서 솔잎머리 끝까지 어림짐작 눈셈도 해본다. 열 자나 돼 보이는 우람한 이 소나무는 지난 태풍에 쓰러졌을 것이다. 태풍을 이겨낸 몇 그루 소나무는 의연히 초겨울 하늘을 떠받들고 있다. 자작나무를 쓰다듬기도 하면서 까악까악 까마귀 소리에 화답도 해가면서 산로를 내려간다. 지나치는 산객들도 개의치 않고 휴대폰 셀카도 찍으면서 온갖 해찰을 부린다. 이십 분쯤 내려와서 제대로 가고 있나, 고개 쭉 빼 내려다보니 저 아래로 절 지붕 끝이 보인다. 옳게 내려왔구나. 시작한 산행 시간이 일렀고 산행 시간도 짧았으므로 한껏 해찰했는데도 시간이 마냥 여유롭다.

드디어 장경사 도착. 지난 팔월, 온몸에 땀을 두르고 올라왔던 후문의 좌측이다. 파란 눈의 비구승과 처사인 듯한 아저씨가 배추

밭을 정리하고 있다. 카오스 고양이는 어디에 있나. 여름에 만났던 요사채 주위를 두리번거리자 아저씨가 무얼 찾느냐고 묻는다. 고양이 보러 왔다는 내 대답에, 아저씨는 저기 사무소로 가보라고 한다.

   정문 입구 쪽의 사무소를 두고 일단 법당으로 들어선다. 부처님께 삼 배 절을 올리고 곧장 나와 법당 뒤 삼신각 계단을 오른다. 집에서 간식으로 가져온 초코파이 두 개와 캔 커피를 배낭에서 꺼내 산신령님 전에 올린다. '산신령님 죄송해요. 오늘 제가 가진 것은 이게 전부예요. 이렇게 산신령님 뵈러 올 줄 알았으면 과일이라도 들고 오는 건데, 제 마음 이해하시지요? 지난번 어두워지는 벌봉 가는 길에서 방향 잃고 헤매고 있을 때 빠른 길로 인도해 주셔서 정말 감사했습니다. 단물 떨어지는 미백복숭아 약속을 저버려 정말 죄송하고요. 오늘 어르신 산객에게서 절에 들어오는 가까운 길을 안내받았답니다. 앞으론 산신령님 뵈러 종종 들르겠습니다.' 긴 변명에도 흰 수염 늘어뜨린 산신령님은 여전히 인자한 모습으로 빙그레 웃고만 계셨다. 나는 좌우 산신령님께 절을 올린 후에 중앙에 자리하고 계신 부처님께 합장을 올렸다.

   삼신각을 내려오는데 다리가 풀리기 시작한다. 허리꼭지 통증도 따라온다. 그래도 오늘 밤 제발 불면증만 없다면 더 바랄 게 없겠다고 나를 위로한다. 마당 한쪽에서 꽁꽁 얼어있는 가시연꽃을 손끝으로 만져보다 범종 앞까지 가본다. 법당 뒤꼍의 처마 벽화를 눈으로 읽는다. 대체 무슨 이야기일까. 보리수나무 아래서 붓다에게 옷 벗어 바닥에 깔고 삼단 같은 머리 풀어 절 올리는 젊은 저 사내는 누구일까. 분명 부처의 이야기가 담긴 벽화일 터인데, 아는 것이 없는 나는 답답증이 일었다. 비구에게 물어볼까 하는데 조금 전 텃밭을 고르던 비구는 자리를 뜨고 없다.

  사무소 앞에서 똑똑 유리창 문을 두드렸다. 중년 여인이 닫힌 창문을 열며 어떻게 왔느냐고 묻는다. 나는 고양이를 보러왔다고 말한다. 고양이요? 그녀의 눈길을 따라가니 창문 앞에 카오스 한 녀석이 다소곳이 앉아 석양을 받고 있다. 여름에 만났던 살진 몸집에 차르르 윤기 흐르는 털 빛깔이 그대로다. 카오스 고양이야, 잘 있었니? 나는 녀석에게 손 내밀어 눈인사를 보낸다. 녀석은 흔들림 없이 내 눈인사를 받는다. 그 잠시에 다른 한 녀석이 창문으로 훌쩍 뛰어오른다. 나는 얼른 녀석을 품에 받아 안는다. 얌전히 안겨 있는 카오스 녀석. 녀석의 목덜미를 가만가만 쓸어 주면서 궁금했던 법당 처마 벽화에 대해 묻는다. 잠시 의아해하던 그녀는 법당 밖 벽화 말인가요? 되묻더니, 내가 그렇다고 하자 그제야 이해가 간 듯 석가가 부처가 되기 전의 전생 이야기라는 답을 내놓는다. 그러니까 장경사 법당 뒤꼍의 벽화는 부처의 십오도(十五圖) 이야기 중 하나라는 거다. 우리 누구에게나 부처의 마음이 있지만 다만 깨닫지 못

할 뿐이라고 그녀는 조곤조곤히 말했다. 그러나 십오도 이야기를 어디서 찾아 읽으며 되겠냐는 내 물음에는 정확한 대답을 못했다. 나는 인터넷 검색창을 두드려 보면 되겠느냐고 묻고 그녀는 우선은 그러면 될 것이라고 동문서답을 건넸다.

   열린 창문을 두고 안과 밖에서 장경사 내력에 대해 대화를 나누고 있을 때, 카오스 녀석이 내 품에서 뛰쳐나갔다. 그 틈에 안을 들여다보게 되었다. 여기 사무소에서도 판매용 불교 소품들을 진열해 놓았다. 작은 열쇠고리가 보이고 크기가 다른 염주도 걸려 있다. 동글동글 보리수 열매로 만든 염주목걸이에 자꾸 눈길이 가지만 지갑이 없으니 이것도 마음뿐이다. 그녀와 합장으로 인사를 나눈 후 산문을 나온다. 산문 앞에서 절을 향해 두 손 모은다. 장경사 들어오는 또 다른 길을 알게 됐으니 오늘 남한산행의 소득이 하나 더 보태졌다. 즐거운 소득이다.

… 3부
어머 어머 시인이세요?

어머 어머 시인이세요?

어제 오후에 아래층으로 들어올 세입자가 들렀다. 계약조건이 맞아 집을 계약하겠다는데 정작 집주인인 나는 세입자의 얼굴을 보지 못했다. 세입자라도 이 말 저 말 말질하고 다니는 사람은 질색인지라 계약하기 전에 인사나 나누자며 중개인한테 부탁해 놨었다. 부부와 군에서 막 제대한 아들과 단출한 가족을 꾸리고 있다는 그녀는 중개인 말마따나 맑고 순한 인상이었다.

과일 접시와 커피잔을 놓고 이런저런 이야기들을 내려놓는데 갑자기 동행해 온 세입자의 친구가 내가 꼭 작가처럼 보인다는 거였다.

"아 그래요? 사실 시를 쓰긴 해요."

두 여인의 눈이 단박에 화등잔만해진다.

"어머! 어머! 정말 시인이세요?"

"어머! 어머! 그러면 텔레비전에도 나오고 그래요?"

동시에 두 여인 입에서 어머 어머가 터져 나온다.

"텔레비전엔 아무나 나오나요? 이제 겨우 시집 한 권 낸 무명시인이랍니다."

"어쩐지 말하는 느낌이 우리와는 다르더라니까요."

"다른 게 뭐 있겠어요? 똑같지요."

"아녜요. 우린 생각 없이 말을 마구 뱉어버리는데 표현이 남달랐어요."

"에이, 나도 막말하고 그래요."

암튼 그녀들은, '시인'이름이 붙여진 사람은 처음 본다는 듯이 사뭇 호들갑이었다. 거실 책장의 많은 책들도 그렇고, 남들 다 있는 거실에 티브이가 없는 것도 그렇고, 자기네들과는 영혼이 달라 보인다는 거였다.

그러고 보니 지난번 일화도 생각난다. 한 의류매장에 들렀는데 점원이, 혹시 작가 아니세요? 물어왔다. 작가란 표시가 나나요? 되물으니, 말하는 분위기가 꼭 작가 같다고 했다. 유명세 타는 작가(시인)들이 이 얘길 들었다면 픽 콧방귀를 날릴 일일 테지만, 그래도 어쨌든 문학관에서 8년 차 시인이란 꼬리표는 달고 있으니 잘못 본 것은 아니다 싶었다. 그나저나 내 태도 어디에서 작가 분위기가 나타나는 걸까. 그건 나도 모르겠다.

그리고 오늘 일이다. 광주시립도서관 밤 열 시. 사서의 열람 마치겠습니다! 소리와 동시에 와당탕 의자 넘어가는 소리가 요란했다. 열람 마칠 시간에 나와 맞은 편 두 여학생만 남아 있었는데, 한 여학생이 의자에서 일어서면서 실수로 넘어뜨린 것 같았다. 본인들도 놀랬는지 엉겁결에 엄마야! 소리쳤다. 그때까지도 읽던 활자에 눈을 두고 있던 나는 학생들이 지르는 소리에 놀라 고개 들었다. 의자 넘어지는 소리보다 너희들 소리치는 소리에 더 놀랬다! 했더니, 기어드는 소리로 죄송합니다! 하면서 얼른 손으로 입을 가렸다.

이층 계단을 내려오면서 보니 여학생 둘 다 한아름 책을 안고 있다. 교과서가 아니라 도서관에서 대출한 책이다. 밤늦게까지 책 읽는 모습이 예뻐 보여, 너네들, 이다음 작가 될 거니? 웃으며 물었다. 둘이 똑같이 웃으며, 아니요! 대답한다. 왜에? 하면서 그 애들 얼굴을 똑바로 봤는데, 응? 일란성 쌍둥이다. 교복도 똑같고, 키도 똑같고, 여리한 몸매도 똑같고, 단발머리도 똑같고, 수줍은 웃음도 똑같고, 살짝 비껴난 대문니도 똑같다. 니들 쌍둥이네! 했더니, 네! 하면서 또 웃는다.

교복은 입었지만 초등학생 모습이 남아있다.

"책 열심히 읽고 있으니 이다음 작가가 될 수도 있을 거야. 나도 그랬어."

격려 차원이었다. 학생들 대답이 합창으로 온다.

"네? 정말이요?"

"응. 지금 시 쓰고 있거든. 여기 도서관에도 내 시집이 있는 걸?"

"어머 진짜요? 어머 진짜 시인이에요?"

걸음을 멈추더니 둘 다 놀란 토끼눈이 된다.

"시집 제목은 뭐예요? 작가 이름은 뭐예요?"

두 여학생의 물음이 번갈아 나온다.

"김자흔, 『고장 난 꿈』. 니들한텐 좀 어려울 거야."

"어려워도 시집 꼭 읽어볼래요. 내일 도서관 와서 꼭 찾아볼래요."

작가 꿈을 키워보라고 격려해 본다고 한 말이 그만 내 시집 광고가 된 꼴이었지만 새 독자가 생겨났으니 나쁘진 않다.

신호등 앞에서 헤어질 때까지 지난주 몇 날 동안 일층 어린이 열람실서 읽은 책 이야기를 꺼냈다.

"『걸리버 여행기』 있잖니."

"네, 우리도 알고 있어요."

"거기에 소인국 대인국 말의 나라 같은 게 나오잖아."

"네, 하늘을 떠다니는 섬나라도 나와요."

"그래 맞아. 그 책을 내가 중학교 일 학년 때 처음 읽었거든. 그때는 책 속에 나오는 나라가 그냥 작가의 상상이라고만 생각했어.

그런데, 인간과 정치 사회를 풍자하기 위해 쓴 책인 거야."

"정말요?"

"그래, 그걸 나도 시인이 되고 다시 읽으면서 새롭게 알게 된 거야."

"와! 저도 그 책 다시 읽어볼래요."

"저는 이다음 진짜로 시인이 됐으면 좋겠어요."

쌍둥이 자매는 진지해졌다. 나도 책 좋아하는 중학생이 작가의 길로 가는 구실점이 되었으면 하는 바람으로 응원하고 싶었다. 또한 시인이 되고 안 되고를 떠나 많은 책을 통해 세상을 이해하고 바라보는 눈의 폭이 확대되길 바라는 마음이었다.

어쨌거나! 시인 아닌 사람에게 시인이란 '어머 어머 시인!'이었다.

영감님 뿔나셨다

쾅! 우지끈!

이게 뭔 소리지?

아침 식전이었다. 밥상을 닦다 행주든 채 달려가 창문을 여니 검은 지프차가 우리 일층 대문을 받고 그대로 지나치고 있다. 나는 재빨리 대문 밖으로 뛰어나가 차량 번호부터 외웠다. 일층 사는 영감님도 현관문을 열고 놀란 얼굴로 뛰어나오셨다.

차가 멈추더니 운전자가 내렸다. 그래도 뺑소니치지 않는 걸 보니 양심은 있는 사람이구나. 다가가 일층 대문을 살폈다. 한쪽 철대문 기둥이 반쯤 꺾였고 문살 여섯 개가 떨어져 나갔다. 대문을 새로 갈아야 할 만큼 큰 사고였다.

같이 대문을 살펴보던 영감님이 사고 운전자에게 물었다.

"후미를 제대로 못 본 거요?"

운전자는 영감님 물음은 무시하고 쭈그려 앉아 한참을 자기 차 후미만 들여다봤다.

"여보, 젊은 양반!"

영감님이 운전자를 불렀다. 운전자를 부르는 영감님 음성에 노기가 실려 나왔다.

"사람이 말야. 멀쩡한 남의 대문 부셔놨으면 와서 미안하단 말부터 하는 게 경우지. 그래, 당신 차만 들여다보고 있으면 다요?"

그제야 사고 운전자가 다가왔다. 짧은 머리숱이 성성 빠진 걸 보니 육십 줄은 돼 보여 피식 웃음이 나왔다.

"이 동네 사세요?"

내가 물었다.

"앞 빌라 3층에 삽니다."

사고 운전자가 대답했다. 그러고 보니 한두 번은 본 듯도 했다.

"우리 대문 앞에 주차시켰던 건가요?"

"아니오, 저 앞에…."

후진으로 주차 자리를 옮기려다 우리 대문을 들이박은 모양이다.

사고 운전자는 영감님 앞에 불려 와서는 난감한 표정이었지만 부서놓은 대문에 대해서는 가타부타 대꾸가 없다. 한 이웃에서 뺑

소니칠 염려는 없을 것이고, 영감님이 집주인인 나보다 더 노발대발해서서 내가 더 뭐라 할 말이 없었다. 나는 영감님께 사고자 전화번호를 받아놓으라 말씀드리고 이층 계단을 올라왔다. 영감님이 메모지를 가지러 들어간 사이, 사고 운전자는 다시 자기 차로 가선 깨진 후미등을 거칠게 떼어냈다.

지난 팔월에 노부부가 일층으로 이사 들어왔다. 영감님은 장작개비처럼 바짝 마르셨지만 천성인 듯 부지런하셨고 몸놀림이 날다람쥐처럼 날래셨다. 칠순을 훨씬 넘기셨는데도 직접 봉고차를 운전해 폐지도 수거하실 만큼 건강도 좋으셨다. 성미는 한 불끈!을 하시는 것 같았다. 그 반면에 할머니는 큰 키에 살집이 있으셨고 수더분하고 유한 성격이셨다. 불끈하는 영감님 성미를 아들 타이르듯 가만가만 다독이시는 걸 보면 연상의 아내가 아닐까 하는 생각까지 들게 했다. 내 집 일처럼 재빠르게 일을 해결하려 드는 영감님이 친정아버지처럼 든든하게 느껴져 고마웠다. 비록 부서진 대문에 놀라긴 했지만 기분만은 괜찮은 아침이었다.

사흘이 지났다. 다 저녁때 도서관에서 돌아왔는데, 어머 이것 좀 봐! 짙은 초록으로 새 단장한 대문이 수줍은 처녀처럼 일층에서 기다리고 있다.

"어젠 대문이 없어져서 누가 집어 간 줄 알고 깜짝 놀랐었어요. 새 단장을 해주셔서 고맙습니다."

나는 앞 빌라 운전자에게 전화를 걸어 고맙다는 인사를 했다.

"이웃인데 잘 해드려야지요. 돈 많이 들였어요."

진심 담긴 그 한마디가 참 기분 좋게 했다. 그렇지. 이웃이란 게 서로 믿고 보는 거지.

완전히 회복되지 않은 몸 상태가 이웃의 진정성 있는 말 한마디에 사뭇 가벼워졌다. 저녁 식단을 차리면서도 흐음흐음 콧노래가 흘러나왔다.

아기 고양이는 완전 나를 좋아해

옆집 일 층 남매 둘이 올라왔다. 일곱 살 현빈이와 열 살인 누나 가희. 학교에서 돌아왔는데 현관문이 잠겨 들어가지 못한다기에 우리 집으로 데리고 왔다. 내 핸드폰을 빌려 즈이 엄마한테 전화하고 난 후 가방을 내려놓고 두 남매는 아기 고양이한테 달려갔다. 바글거리는 여덟 마리 아기 고양이한테서 눈을 떼지 못한다. 똥꼬발랄한 아기 고양이를 이렇게 많이 한꺼번에 대하는 건 처음일 테지.

"완전 나를 좋아해! 완전 나를 좋아해!"

현빈이는 고양이 집 앞에 달라붙어 같은 말을 반복해서 연거푸 쏟아낸다. 손가락을 대주니 마구 핥아줬겠지. 톡 톡 톡 귀여운 발장난을 걸어줬겠지.

"내 손을 막 깨물어. 나를 싫어하나 봐."

하는 것은 누나 가희.

"아니야. 누나가 좋아서 그러는 거야."

제법 의젓하게 말하는 건 동생 현빈이.

"아줌마는 누가 제일 좋아요?"

묻는 것도 현빈이.

"응, 아줌마는 다 똑같이 예쁘지. 아줌마가 전부 분유 먹여 키우는 아기 고양이들이니까."

두 남매는 고양이 앞에서 귀엽고 신기하다고 어쩔 줄 몰라 한다. 먼저 인사를 건네야 마지못해 인사를 받던 무뚝뚝한 현빈이 녀석이, 작은 동물을 예뻐하는 속마음이 있다는 게 여간 기특한 게 아니다.

지난번 지층에 사는 두 돌쟁이 꼬맹이 녀석은, 아기 고양이를 보자 다짜고짜 꼬랑지를 잡아채더니 거꾸로 치켜올렸다. 대롱대롱 공중에 떠올려져서 아프다고 앙앙 우는 아기 고양이를 그러면 안 된다고 얼른 잡아 내려놨는데, 이 녀석이 이번엔 손가락 검지와 중지를 내밀어 거침없이 아기 고양이 두 눈에 찔러 넣으려고 했다. 기겁해서 얼른 녀석의 행동을 중지시켰는데, 아이고, 꼬랑지를 치켜올릴 땐 아기라 뭘 몰라서 그랬겠지 이해했지만 서슴없이 두 눈을 찔러 넣으려는 행동에선 옴팍 소름이 돋았다. 동심은 이렇게 어려서부터 다른 싹이 나오기도 하는 것 같다.

3부 어머 어머 시인이세요?

"아줌마, 나는 레오가 젤 좋아요! 여기 레오가 젤 좋아요!"

현빈이는 이 말도 몇 차례나 반복해서 쏟아놓는다.

레오가 입은 털옷은 예술적이다. 하얀 털에 등에는 기하학적 무늬가 까맣게 놓여있다. 옆구리 양쪽으로 일부로 그려놓은 것 같은 곡선 무늬가 데칼코마니를 이루고, 머루처럼 까맣게 빛나는 눈동자에 성격도 제일 명랑해서 우리 집에서도 인기 제일이다.

"얘는 길남이를 꼭 닮았어요. 길남이 아긴가 봐요. 얘는 번개 닮았어요. 번개가 낳았어요?"

우리 집 마당 고양이 이름을 잘도 대면서 현빈인 물어보기 바쁘다. 사실 길남이와 번개는 수고양이다.

"아줌마, 얘 이름은 뭐라고 했어요?"

"응. 해왕이."

"얘는요?"

"토왕이."

"(가슴에 품고는) 얘는요?"

"힘찬이 같은데? 명왕이하고 몸집만 다르고 거의 똑같아."

내가 건네준 과자 접시는 쳐다보지도 않고 두 남매는 아기 고양이에 푹 빠졌다. 자기네도 고양이를 키웠으면 좋겠다고 한 바람을 털어놓는다.

대문 밖에서 즈이 할머니가 부르는 소리에 책가방을 챙겨 내려가면서 두 남매는 똑같이 즈이 할머니를 졸라댔다.

"할머니, 우리도 고양이 키우자! 응?"

"이쁜 고양이 우리도 키우자! 응?"

현빈이와 부침개

탁! 탁! 탁!

현관문 두드리는 소리에 나가보니 현빈이가 책가방을 맨 가희와 서 있다.

"아줌마 이거요!"

인사할 말미도 주지 않고 불쑥 까만 봉다리부터 들이민다. 받아 열어보니 부침개다.

"응? 이게 뭐야?"

"공부방에서 가져왔어요."

"할머니 할아버지께도 드렸니?"

"아니요."

"아줌마야 고맙게 잘 먹겠지만 할머니 할아버지가 서운해하시지 않을까?"

"…공부방 선생님이 아줌마 갖다주라고 했어요. …그치, 누나?"

옆에 서 있는 가희의 동의를 구하는 목소리가 조금 작아진다. 더 묻다간 현빈이 당황해할 것 같다.

"그래, 고마워! 현빈아. 은빛 누나하고 맛있게 나눠 먹을게."

현빈이 표정이 금세 밝아진다.

추측해 보니 그랬을 것 같다. 공부방 선생님이 아이들에게 간식으로 부침개를 만들어줬겠지. 남아서인지는 모르겠지만 현빈이 녀석이, 옆집 고양이 아줌마 갖다주면 안 돼요? 물었을 것이고, 선생님은 그러렴! 하고 봉지에 담아주었을 것이다. 그렇지 않고서야 생판 모르는 내게 공부방 선생님이 부침개를 아이 손에 들려 보낼 리 없는 것이다. 아니면 할머니 갖다드리란 걸 현빈이 제 마음대로 내게로 갖고 온 건지도 모른다. 그러나 아이는 거짓말을 못했다. 할머니 할아버지께도 드렸어? 물었을 때, 공부방 선생님이 아줌마 갖다주라고 했어요, 하는 눈빛을 보면. 아니면 제 몫을 남겨 내게 가져온 것인지도 모르겠다.

나는 이번에도 초등학교 일 학년 현빈이에게 감동 받았다. 집에 먹을 간식거리가 있으면 누나인 가희와 함께 불러 나눠주고 직장 다니는 제 엄마나 할머니 대신 도서관에도 데려가고 산책에도 데려가고 나물 캘 때에도 데려가며 예뻐해 줬더니 어린 마음에도 보

3부 어머 어머 시인이세요?   115

답할 마음을 가지고 있었던 모양이다. 지난번에도 공부방에서 떡볶이를 가져와 나를 깜짝 놀라게 했다. 사실 그때는 현빈이 할머니가 보낸 것이 아닐까 했다. 현빈이 할머니한테 말했더니, 할머니한테는 떡볶이가 오지 않았다고 했다. 그러면서 "어머나! 세상에!" 하며 두 손을 모았다. 감성 풍부한 현빈이 할머니도 손주에게 대단히 감동받은 눈치였다.

그제는 광지원에 사는 미수에게 작아진 딸 의류를 나눠주려고 차에 싣다가 가희를 불러 밝은 겨자색 외투를 챙겨줬다. 여러 개 운동모자가 있어 누나 따라 나온 현빈에게도 갖고 싶은 거 있으면 골라 봐, 했다. 가희는 재빨리 분홍색 모자를, 현빈이는 청색 모자 두 개를 골라잡았다. 그리곤 상수리 열매처럼 탱글탱글한 머리에 눌러 쓰고는 잘 맞는다며 좋아라 했다. 제 머리에 큰 모자는 아빠 준다며 얼른 품에 챙겨 넣었다.

아까 낮엔 학교 갔다 와서 자전거 끌고 놀러 나가는 현빈이를 보았다. 머리엔 내가 나눠준 청색 모자를 쓰고 있다. 새것이 아닌데도 기꺼이 써주는 것이 고맙고 기특하고 보기에도 좋아, "와— 현빈이 모자 멋진데! 그 멋진 모자 어디서 났어?" 했더니, 얼른 모자를 벗어들고는 진지한 표정으로 "이거 아줌마가 줬잖아요." 한다. 녀석, 아줌마 농담은 못 알아먹네.

현빈이가 공부방에서 가져온 부침개를 퇴근한 남편과 맛있게 먹었다. 애호박과 시금치가 들어간 부침개였다. 현빈이가 우정으로 가져다준 부침개여서인지 더욱 맛나고 부드러웠다. 그렇게 여덟 살이 된 현빈이와 열한 살이 된 가희 남매와 이웃 친구로 잘 지내고 있다.

버찌 따는 아이와 버찌의 추억

"아줌마도 하나 드셔볼래요?"

신혼 시절에 이웃이 돼 삼십 년 벗으로 지내는 '우정'이 찾아와 버스정류장까지 배웅하고 올라오는 길이었다. 한 꼬마 녀석이 아파트 담 위에서 내 발걸음을 잡아 세운다. 초등학교 2학년 정도나 됐을까. 담장에 올라 버찌를 따고 있는 녀석 머리 위로 잘 익은 까만 버찌가 다닥다닥 내려다보고 있다.

"그래 줄래?"

나는 걸음을 멈추고 손을 펴 내밀었다. 녀석은 버찌 두 알을 따서 내 손바닥에 올려주었다.

작은 아이가, 더구나 도시 아이가 버찌를 먹을 줄 아는 게 신기하고 궁금했다. 버찌의 개량종인 서양 체리도 아니고, 어떻게 버찌를 먹는다는 걸 알았을까. 설사 버찌가 먹는 건 줄 알았다 해도 먹을 것이 넘쳐나는 요즘 아이들에겐 버찌 같은 건 쳐다보려 들지도 않을 텐데 말이다.

"너는 버찌 먹는다는 걸 어떻게 알았니? 엄마가 알려 주셨니?"

궁금해 묻자 곧바로 의젓한 대답이 들어온다.

"아니요, 벚나무에 달린 열매는 먹어도 된다는 걸 그냥 알았어요."

그러면서, 버찌는 따서 먹어야지 바닥에 떨어져 있는 건 뭐가 묻어서 안 돼요, 일러준다. 위생관념도 잘 배워둔 것 같다.

"나는 빨간 걸로 따줘!"

두 손 벌려 내밀고 있는 내 옆에서 학원 가방을 지키던 녀석의 친구가 주문을 넣는다.

"빨간 건 셔서 못 먹어."

내가 먼저 나서서 알려준다.

"맞아. 빨간 건 아직 익지 않은 거야."

내 말에 맞장구치며 까맣게 익은 버찌를 따 친구 손에도 올려주는 녀석. 발꿈치를 들고 팔 뻗어 버찌를 딸 때마다 녀석의 하얀 배꼽이 들락날락한다.

녀석은 내 손바닥에 버찌 몇 알을 더 올려준다. 버찌를 입 안에 넣었다. 달큼하고 쌉싸름하다. 어릴 적 따먹던 산버찌 맛 그대로다.

"좀 더 따줄래?"

나는 아이 앞에 두 손을 펴 내밀었다. 아이는 두 알을 보태 일곱 알을 만들어 내 손바닥에 올려줬다.

이름이 뭐야? 물으니, 서유현이에요, 한다.

"그래, 서유현, 버찌 고맙다! 떨어지지 않게 조심하고!"

그렇게 꼬마 녀석한테 받은 버찌를 고이 손에 들고 집에 왔다. 딱 쥐눈이콩만 한 버찌. 그 버찌가 까만 눈동자로 나를 올려 본다. 그러다 가만히 묻는다.

'…생각나?'

'나지…, 그럼!'

나도 가만히 대답한다.

권정인 선생님. 대학을 졸업하고 공주 정안중학교 1학년 4반 담임으로 첫 부임해 오셨다. 하늘거리는 하늘색 원피스를 즐겨 입으셨다. 키도 작아 뒷줄 제자들 틈에 끼면 누가 학생이고 누가 선생님인지 구분이 어려웠다. 나는 이런 선생님이 꼭 언니처럼 느껴졌다. 내가 가장 좋아하는 역사 과목을 맡으셔서 더욱 그랬다. 일찍 엄마를 여위셨다는 말을 들었을 땐 선생님이 참으로 애잔해 보였다. 한날, 나는 언니 같은 선생님을 생각하며 오리 길 큰골바위 숲에 들어가 달게 익은 버찌를 도시락에 가득 따 담았다. 그리고 아침 일찍 등교해 선생님 책상에 몰래 올려 드렸다. 그런 제자를 선생님은 기억하고 계실까?

　도시 아이가 따 준 까만 버찌 몇 알이 지난 기억을 불러오자 아득히 먼 시절, 선생님에 대한 그리움이 와락 당겨왔다. 당장 열네 살의 소녀로 돌아가 스물넷의 선생님을 만나고 싶었다. 이제는 서로 늙어가는 처지가 된 스승과 제자.

　오래전, 교육청의 '선생님 찾아주기' 사이트에 접속해서 선생님을 찾았던 적이 있었다. 그러나 선생님의 정보를 얻지 못했다. 물론 벌써 학교에서 정년퇴직하셨을 것이다.

　지금 선생님은 어떤 모습이실까. 어떻게 살고 계실까. 건강은 괜찮으실까. 지금도 대전에 거주지를 두고 계실까.

　버찌 익는 철이 되면 나는 늘 권정인 선생님을 비밀처럼 떠올렸다. 더불어 그 시절의 추억에 잠시 잠기곤 했다. 이젠 아파트 낮은 담 위에 올라서서 버찌 따서 내 손바닥에 올려주던 아이도 추억할 것이다. 정안 중학교에 첫 부임해 오신 처녀 선생님과 열네 살의 산골 소녀와 아파트의 도시 아이가 그려낸 버찌의 그림.

　나는 이 세 개의 그림을 한데 묶어 소중히 간직해둘 것이다. 버찌 익는 계절이 오면 나는 간직해 두었던 그림을 풀어 오랜 그리움으로 되새김질할 것이다. 빨간 티셔츠에 베이지색 반바지를 단정히 입은 초록 아이와 수줍은 미소로 하늘거리는 원피스를 즐겨 입으셨던 처녀 선생님과 거기에 버찌 도시락을 만들어 선생님께 드렸던 열네 살 단발머리 소녀인 나.

  그럴 것이다. 매해마다 벚꽃이 피었다 지고 빨간 열매가 까만 열매로 익어갈 때면 나는 자연스럽게 버찌 따주던 아이와 버찌 따드렸던 선생님을 기억하고 추억하게 될 것이다.

  한 번은 꼭 만나 뵙고 싶은 선생님.

  내 마음 서랍 속에 담긴 선생님,

  정안중학교 1학년 4반의 담임선생님.

  권정인 선생님.

이맘때는 다 이렇게

눈두덩까지 퉁퉁 부어있는 상태로 하남에 갔다. 상호신용금고에 가서 적금을 넣고, 재래시장에서 먹거리를 사 들고, 버스정류장에서 버스를 기다려 광주 차고지와 강변터미널을 왕복하는 13번 버스를 탔다.

전라도로 여행 갔다 와서 채 여독도 풀리지 않은 상태로 어제는 고향인 공주까지 내려가 시골집 지을 건축사와 상담까지 하고 온 터라 몸이 아주 대간했다. 몸을 의자에 기대 눈 붙이다가 얼마만큼에서 눈을 떴다. 그런데 창밖의 풍경이 낯설었다. "응? 저건 언제 생겨났지? 갈 때도 못 봤는데?" 하고 보니, "맙소사!" 또 실수했다.

13-2번 퇴촌으로 가는 버스를 잘못 탄 거다. 그런데 왜 종종 13-2를 13으로 보는 걸까. 13 뒤에 붙인 -2가 작은 글씨체 때문인

지는 모르겠다. 버스회사에다 글씨 크기 정정 건의라도 해볼까. 어쨌거나 주의력 부족한 내 탓이다.

정형외과에 들러 팔꿈치 물리치료도 받아야 하는데 시간이 걱정이다. 지금이라도 얼른 내릴까 하다가 '에라 모르겠다, 일부러도 가는데 이참에 퇴촌 끝까지 가보자!' 하고서 앉아 있었다. 차창 밖으로 연신 바뀌는 단풍 경치와 시골 마을을 감상하면서. 새로운 마을이 나타날 때마다 내 고개는 이쪽저쪽 옮겨 다니느라 바쁘다.

도수리를 지나고 관음리 1리 2리(관음리 마을이 큰가 보다)를 지나 종점이다. 천진암 계곡 때문인지 중심지 퇴촌농협이 있는 곳보다 마을 집들은 더 번듯했다. 남한산성 계곡에 비해 천진암 계곡은 조촐했지만 처음 본 장소에 잔뜩 설레는 호기심이다. 한번 날 잡아 정식으로 놀러 와야겠다고 마음과 약속한다.

광주 시내로 직접 가는 버스가 언제 들어올지 시간을 알 수 없으니 추운 밖에서 떨고 있을 게 아니라 이 버스로 타고 나가 번천에서 13번으로 갈아타는 게 빠를 것 같았다. 기사 아저씨께 잘못 온 사실을 말하면서 "지금 교통카드 찍고 출발할 때 또 찍으면 되지요?" 했더니, 기사 아저씨 웃으면서 "잠들고 왔으니 번천서 내릴 때나 찍으세요." 하는 친절한 유머를 베풀었다.

기사 아저씨는 버스 계단을 오르락내리락하면서 버스 유리창을 걸레로 닦아내느라 열심이고, 나는 버스 의자에 앉아 "여기 풍경

정말 좋네요!" 하면서 연방 차창 밖을 내다보며 감탄이다. 그러다 맞은편 낮은 지붕의 빨간 강판기와 집이 눈에 들어왔다. 빨갛게 단풍 진 이 계절의 저녁 공간과 그렇게 잘 어울릴 수가 없었다. 딱 안성맞춤의 풍경이었다. 여태는 빨갛고 파랗고 한 원색의 시골 지붕을 볼 때마다 "원 촌스럽기는!" 하면서 슬쩍 고개 돌려 외면했었다. 원색이 주는 어울림의 미를 미처 몰랐던 것이다. 붉은 원색 지붕도 장소와 때에 따라 이렇게 자연 배경과 맞춤으로 어울린다는 걸 오늘에서야 발견한 것이다. 더구나 빨간 원색 지붕은 깊어진 가을 감정에 생기까지 불러일으켰다.

버스가 서 있는 맞은 편, 원색 지붕을 인 낡은 철제대문 앞 돌계단에 수북이 내려앉아 있는 단풍 풍경도 들어왔다. 그 단풍 낙엽을 집주인인 듯한 노년이 나와 긴 싸리 빗자루로 쓸어내리고 있다. 돌계단 단풍을 쓸어내리는 노년의 모습 또한 그럴 수 없는 아름다운 그림을 연출했다. 한 폭의 풍경화였다. 그림 같은 이 풍경에 반해 나는 또 연신 "아 좋다! 정말 좋다!" 감탄사를 연거푸 쏟아냈다. 늦가을 날은 어둑하니 저물어지지, 찬바람은 고즈넉이 깊어지지, 마을길은 단풍 낙엽으로 덮여있지, 그야말로 천진암 계곡은 더할 나위 없이 꽉 들어찬 만추였다.

요 며칠 사이로, 나주 영산포로, 곡성 당동리로, 공주 정안으로, 시골 가을 풍경에 눈과 마음이 잔뜩 호강이다. 나는 버스를 잘못 타고 들어온 실수는 그만 잊고 저물어 가는 시월에 낭만적인 마음이 되었다. 이런 정서적인 풍경을 매일 공으로 볼 수 있는 기사 아저씨가 좀 부럽기도 했다.

"이맘때는 어디든 한 폭의 그림이네요. 기사님은 일하시면서도 변화하는 사계를 다 볼 수 있으니 참 좋으시겠어요." 했더니, 집이 성남이라는 기사 아저씨는 여전히 바쁜 손을 움직이면서 "뭐 그렇긴 해요." 심상한 대답이다.

그리움은 하염없이 내리고

굽혀지지 않는 아픈 허리를 하고 토마토 주산지인 퇴촌에서 토마토 한 박스와 복숭아 한 박스를 사들고 내편 씨와 천진암까지 갔다. 작년 늦가을 단풍 질 때 버스를 잘못 타고 들어왔다가 정식으로 와보겠단 다짐을 오늘 실행했다. 13-2번 종점에 차를 세워두고 마을을 둘러봤다. 처음 들어가 보는 마을에 볼 게 많아 양쪽으로 고개가 왔다갔다 바쁘다. 산새, 들녘, 집, 냇가, 음식점, 묶인 개, 날아드는 두루미까지 시골 풍경이 다 나와 있다. 시골이라면 어디든 다 있는 풍경인데도 나는 처음 보는 풍경처럼 모든 게 새롭다.

마을 구경을 마치고 '외갓집 할머니'란 간판을 내건 음식점에 들어가 주인을 불러 내편 씨가 원하는 해물파전과 동동주를 주문했다. 기세 떨치던 폭염도 시들해지고 비는 속살거리며 내린다. 손님

없는 음식점은 사뭇 정적인 풍경이다. 라디오에서 흘러나오는 노래조차 정적이어서 내면 깊은 곳으로 작은 볼륨이 끌려 들어온다.

　주문한 동동주와 파전이 나온다. 평상에 마주 앉아 당신 한 잔, 나 한 잔. 좋다! 으슬으슬 한기 도는 동동주에 따뜻하고 고소한 해물파전 맛이 묘하게 들어맞는다. 자연스럽게 분위기도 올라가고 감정은 고즈넉하게 젖어 든다. 비는 내리고 평상 아래 맑은 개울물은 빗방울을 받아내며 부드럽게 흘러간다. 앉아 있는 평상바닥의 찬기만 없다면 더 바랄게 없는 풍경이다. 바닥 냉기에 아픈 허리 통증이 더해지자 내편 씨는 차 안에서 무릎담요를 가져와 덮어준다. 돌이켜보니, 지금 시절이 내 생에서 가장 근심, 불안 없는 봄날이다. 몇 해를 두고 면역력이 떨어지고 버석댔던 삶도 조금씩 윤기가 스며들고 있다. 한기로 심해진 이 아픈 허리도 집에 돌아가 뜨거운 찜질을 해주면 좀 호전될 것이다.

　그나저나 어쩌자고 비는 이렇게 하염없이 내릴까.

　돌아오는 차 안에서 나는 〈비 내리는 영동교〉를 라이브로 불러댔다. 하염없이 내리는 비와 연관시켜 동화(同化)된 마음일 것이다.

　　밤비 내리는 영동교를 홀로 걷는 이 마음
　　그 사람은 모를 거야 모르실 거야

비에 젖어 슬픔에 젖어 눈물에 젖어
하염없이 걷고 있네 밤비 내리는 영동교
잊어야지 하면서도 못 잊는 것은
미련 미련 미련 때문인가 봐

내편 씨가 노래 잘하는데! 추임새를 넣어준다. 차 안에서 <비 내리는 영동교>는 내 입에서 하염없이 재생되고 있다. 그때, '사랑하는 사람이여 나를 잊었나, 벌써 나를 잊어버렸나.' 여진이 부르는 노래가 라디오에서 흘러나온다. 한때 참 애틋하게 불렀던 노래여서 단박에 내 마음이 그윽해진다.

<비 내리는 영동교>와 <그리움만 쌓이네>는 작곡도 톤도 장르도 다른 노래다. 그렇지만 가사는 떠난 사람을 못 잊어하는 것으로 동일하다. 홀로 걷고 있는 주현미의 미련이나, 보고파 쌓이는 여진의 그리움이나 두 노래는 일맥상통이다. 하긴 대중가요에 사랑과 이별이 빠지면 무슨 노래 맛이 나겠는가. 대중가요는 만남과 헤어짐이 함께 가는 것이다. 그러니까 대중가요다. 대중가요야말로 '나'를 위해 '내 마음'을 위로해주고 헤아려주고 보듬어주기 위해 만들어진 노래다. 이제 나는 <비 내리는 영동교>를 접어두고 <그리움만 쌓이네>를 하염없이 도돌이표로 돌린다.

그리움만 남겨놓고 나를 잊었나 벌써 나를 잊어버렸나
그대 지금 그 누구를 사랑하는가 굳은 약속 변해버렸나
예전에는 우리 서로 사랑했는데 이젠 맘이 변해버렸나
(…)
나 너 하나만을 믿고 살았네 그대만을 믿었네
네가 보고파서 나는 어쩌나 그리움만 쌓이네

저녁때 도서관에 가 일간지에 실린 세월호 관련 기사와 <시사인>, <시사저널>의 활자 속에서 윤일병 구타 사건을 본다. 분노에 실려 한숨이 나온다. 봄날 같은 내 일상의 안위가 답답한 현실사회 속에서 충돌하는 괴리감. 사는 게 그리 쉬운 일만은 아닌 것이다. 나의 봄날이 마냥 봄날이지만 않은 날로 하루가 마무리된다.

광지원의 지원이와 미수

　산행 배낭 속에 제일 먼저 사료부터 챙겼다. 들고 갈 수 있을 만큼 커다란 한 봉지 가득 담았다. 우리 냥이들도 아껴 주는 캔 습식도 넣었다. 소독약과 약솜과 면봉도 잊지 않았다. 얼른 만나러 가야지. 약속 없이 가도 만날 수 있겠지. 급한 마음이 동동댔다.

　어제 산행에서도 내내 어린 고양이 모습이 따라왔다. 지난여름 포천 길에서 우연히 만난, 뱃속에 새끼를 담고 내 걸음 뒤를 계속 따라와 마음 아프게 했던 어미 고양이처럼, 목덜미야 그렇다고 해도 털 빠져 새빨갛게 드러난 앞발은 퉁퉁 부어올라 있고 발톱만 온전한, 광지원에서 만난 어린 고양이가 집에 와서도 자꾸 떠올랐다. 들어 안는데 몸무게가 지푸라기였다. 목소리는 모기 소리였다. 사료를 챙겨 다니지 못하는 나를 자책하며 배낭에서 식빵을 꺼내 입에 대줘봤다. 받아먹는다. 잘게 뜯어 바닥에 놓아주었다. 이건 먹는 게 아니라 그냥 흡입이다. 배곯고 있었구나. 주인 있다는 표시로 목에 방울은 달아 놨지만 어린 고양이는 방치되고 있는 것이 분명했다. 대문 밖에 잔뜩 쌓아놓은 볏가마 더미 앞에 쥐잡이용으로 데려다놓았을 것으로 짐작됐다.

고양이에게 캔 습식을 먹이고 (고양이는 또 게 눈 감추듯이 흡입해 버렸다) 사료를 먹이는데 이웃집에서 큰 개가 나와 컹컹 짖어댔다. 곧이어 여자아이도 나왔다. 초등학교 6학년이고 이름은 미수라고 했다. 나이에 비해 체구는 왜소했다. 아줌마가 고양이 데려가세요. 이유는 설명하지 않고 미수는 몇 번을 내게 고양이 데려가길 권했다. 캔 습식과 사료로 배를 채운 어린 고양이는 내 품에 안겨 있었다. 마음 같아서는 나도 그러고 싶지만 우리 집에도 고양이가 넘쳐난다. 실내에 일곱 마리, 마당에 네 마리 고양이가 있다. 길에서 온 길남이까지 합치면 열두 마리다. 무엇보다 이 고양이는 주인이 있는 고양이다. 미수야, 많은 고양이들을 다 거둘 만큼 우리 집 경제가 넉넉지 않아. 나는 속으로만 대답했다.

나는 고양이에게 '지원'이란 이름을 붙여줬다. 미수네 개에겐 '광지'라고 이름 붙였다. 광지원의 고양이와 개이기 때문에 두 글자씩 따서 이름을 지었다 하니까 미수는 괜찮다고 했다. 미수는 내 나이도 묻고 술도 먹고 담배도 피우냐고 물었다. 내 나이를 알려주며 술은 잘 먹고 담배는 피우지 못한다고 했다. 미수는 막걸리를 한번 마셔보고 싶다고 했다. 나는 기꺼이 막걸리 맛을 보여주겠다고 약속했다.

집 나간 엄마를 둔 미수는 처음 만난 내게 자꾸 뭔가를 주고 싶어 했다. 아줌마, 빨간 고추 따 줄까요? 하면서 바로 옆의 텃밭 고추 네 개를 따 내밀었다. 너 만난 기념으로 받는 거야 했더니 파란 고추도 따 줄까요? 했다. 조금 후에 또 미수는 아줌마 밤 줄까요? 묻고는 대문 안으로 뛰어 들어가 알밤 네 톨을 들고 와 내 손에 쥐어 주었다. 어휴 이 털 좀 봐! 하면서 지원이를 안고 있는 옷 앞자락에 붙어있는 고양이 털도 일일이 떼 주었다. 나는 미수에게 정식으로 우리 친구하자! 청했다. 그리고 다음 주 토요일 오후 한 시에 이 자리서 만나 남한산성 난장 굿판 축제에 함께 가자고 했다. 산성행 버스가 저만큼 정류장에 와서 섰지만 나는 지원이와 미수와 노는 것이 좋아서 한 시간 뒤에나 올 다음 버스를 타기로 했다.

"내버려 두소. 먹고 남은 밥으로 걷어 먹이고 있응게."

지원이 주인은 내가 가져온 고양이 사료를 부탁하자 시큰둥한 반응을 보였다.

"우리 냥이들 꺼 조금 덜어온 거예요."

나는 자존심 상하지 않게 재차 권했다. 때마침 시주를 받으러 다닌다는 여인이 고양이를 위해 가져온 거니 먹여주라며 말을 보탰다. 지원이 주인은 마지못한 듯 사료 봉지를 받았다. 개가 와서 먹으면 하나도 안 남는다며 대문 안에 들여놓는 동작은 재빨랐다. 건네준 사료로 한 달 정도는 지원이가 배곯지 않고 지낼 수 있을 것 같아 마음이 놓였다.

집에 와서 나는 딸에게 이만 원 기부를 부탁했다. 나머지는 내가 더 보태 대형사료 한 포를 주문해 지원이에게 전달할 생각이다. 그러면 지원인 겨우내 배고플 걱정은 덜 것이다. 한 달만 잘 챙겨 먹으면 금방 살이 오를 것이고 모기 목소리도 제대로 나올 것이다. 주인이 싫다하면 미수에게 부탁해도 될 것이다. 춥고 배고프고 무섭고 싫어도 의사 표시를 못하는 작은 생명들. 그 이유로 그냥 지나치지 못하는 이게 참 몹쓸 오지랖이란 걸 나도 잘 안다. 그러니까 병이다.

토요일 미수 만나러 갈 때 약도 챙겨 빨갛게 드러난 지원이 발에 소독도 해주고 연고도 발라줘야겠다. 당연히 고양이 캔 습식도 챙길 것이다. 내 어린 친구 미수에겐 뭘 선물 해줄까 기분 좋은 고민도 같이하고 있다.

시골집 터 찾아가는 길

"여보, 이 집으로 하자!"

"커다란 벌레가 나오는데?"

"시골집에 벌레 없는 게 이상한 거지. 봐봐. 주방도 넓고 가구도 깨끗하잖아."

"화장실이 안에 없는데?"

"아니야, 안에 있어. 이리 와 봐요. 욕실도 이만하면 되잖아."

마당으로 나왔다. 마당에 풀들이 수북수북 자라 있다. 사람이 살지 않아도 담에 기대어 꽃은 활짝 피어 있다.

"마당의 풀들은 다 베어내고 이 가림 천막도 걷어치우는 거야."

"천막은 걷어내지 않는 게 좋을 거 같은데?"

"아냐. 걷어내야 돼. 그래야 시야도 탁 트여 넓어 보여. 여기 이

창고도 허물어 없애고. 봐요, 불 때는 아궁이도 있잖아. 겨울엔 아궁이에 불 때고 살면 돼."

나는 조금 흥분했다.

아웃사이더. 부(富)와는 태어나면서부터 거리가 먼 나는 시골스러운 집 모양새가 꽤나 마음에 들었다. 예술적 자질이 있는 사람이 살고 있었던지 벽이나 문마다 그려놓은 수묵화도 운치 있어 보였다. 무엇보다 이웃에 참견받지 않고 홀로 뚝 떨어진 집인 것이 가장 마음에 들었다. 오늘 본 매물 중 그중 마음에 당겼다.

다시 언덕을 넘어왔다. 내편 씨가 말한다.

"저 너머 집은 북향이라 겨울엔 아주 춥다네. 남향이라 따뜻하다고 노인들이 이 집을 추천하는데?"

"으응? 아까 말하곤 틀리네. 깨끗하게 잘 꾸며놨다고 가서 보라 할 때는 언제고?"

다시 처음 본 매물 안으로 들어가 여기저기 살핀다. 방 두 개가 외형상으로 크게 나무랄 데가 없다. 언덕 너머 매물보다는 건물 자체가 안온해 보이는 건 사실이다.

노인들께 여쭈었다.

"어르신, 그럼 이 집 얼마에 내놨는지 알고 계셔요?"

"글쎄, 얼마얼마라든가… 아까도 부동산에서 사람을 데리고 왔던데…."

노인이 대략 말하는 시세가 내 기준으론 착했다.

"집주인 연락처를 알 수 있을까요?"

"그게 전화번호를 알려주지 않아서 말이야. 팔려고 내놨으면 연락처를 알려주든가 해야지. 자주 왔다갔다 하긴 하더만…."

　한 노인이 전화번호를 찾아보겠다고 집으로 들어가시더니 못 찾겠다며, 교회에서 알고 있지 않을까 하신다. 멀리서 여기까지 집 보러 왔는데 그냥 가게 할 수는 없지 않느냐는 것이다. 노인을 따라 대문 안으로 들어간다. 컹! 컹! 컹! 여기 개도 무섭게 짖어댄다. 이다음 시골에 살아도 나는 절대 개님은 키우지 않을 테야.

　전화번호부 책을 펼쳐 노인이 짚어주는 교회 이름을 찾아 전화번호를 누른다. 이어 집 소유주와 통화연결. 시골 사람일 거라 짐작했더니 전화기에서 건너오는 목소리는 세련된 도시 여자의 목소리다.

　수원에 살다가 남편의 큰 수술로 도시 생활을 접고 시골로 내려옴. 비싼 기름값 도로에 숱하게 뿌리고 다니다가 현재의 집을 보는 순간 마음에 들어 당장 그날로 계약함. 시골 생활로 남편의 건강을 되찾음. 조금의 텃세도 없이 이웃 어르신들 너무 좋음. 본인들이 매입한 가격으로 내놓겠음. 부동산을 통하지 않았으니 꼭 사겠다면 중개비를 빼주겠음.

　계약이 이루어진다면 누이 좋고 매부 좋고 서로 좋은 셈이다. 생각해 보니 이것도 인연이라면 인연이다. 경기도 수원과 광주 가까운 지척에 살고 있던 것도 그렇고 다른 매물을 보러 왔다가 엉뚱하게 이 매물을 먼저 보게 된 것도 그러했다. 수리하거나 새로 지어야 하는 게 아니라 몸만 들어가면 살 수 있는 집이다. 신뢰하는 마음이 생겨 계약해도 좋겠다는 생각이 들었다. 내편 씨도 마음에 들어했다. 전화번호를 알려주신 노인께 초코파이와 음료로 감사 표시를 드리고 마을회관 앞에서 삼십여 분을 기다려 매물 소유주를 만났다. 건강이 좋아졌다고는 하지만 바깥 소유주는 아직 환자티가 역력했다. 버거운 힘으로 둘러 가며 집안을 보여줬다. 아까는 못 본 보일러실과 창고도 보여주며 남향집이라 겨울에 기름 연료비를 많이 절약할 수 있다고 했다. 일구어 놓은 텃밭도 보여주고 대봉이 열린다는 두 그루의 감나무와 대추나무도 가리켰다. 수도가 들어와 사용은 않지만, 마당 우물물도 수질이 좋은 물이라고 했다. 본인은 이십 킬로미터 떨어진 곳에 묘 4기를 돌봐주는 조건으로 천여 평의 답과 집을 무료로 임대받아 어쩔 수 없이 이 집을 내놓게 됐다는 설명이다. 연배도 우리와 비슷해 내려오면 시골살이 도움받아 가면서 친구처럼 지내도 될 것 같았다. 지금 계약하겠다면 에어컨을 두고 가겠다는 말도 했다. 진심은 통하기 마련이어서 나는 좋다고 지금 바로 계약하겠다고 했다. 다음 주말에 당장 우리 고양이들 데리고 내려와 있어도 좋겠다는 설렘이 왔다.

소유주 차를 급히 따라갔지만 몇분 차이로 서천군청은 업무 종료였다. 결국 계약 전 확인할 서류를 떼지 못했다. 그런데 이거 왜 이러지? 계약하겠다고 흔쾌히 대답한 것이 날이 저물어오자 불안으로 엄습해 왔다. 생판 모르는 타지에 대한 막막한 두려움이랄까. 내편 씨가 옆에 있는데도 심장이 마구 옥죄어 왔다. 두렵다고 말하는 내 진심을 읽었는지 소유주는 급하게 결정하지 말고 천천히 생각해 보라 말하고는 먼저 자리를 떴다. 집 한 채를 사면서 따져볼 말미도 없이 서둘러 결정하려 했으니 무리수를 둔 건 부인할 수 없는 사실이었다. 시골집 사는 거고 고향에 들르는 거고 뭐고 다 접고 얼른 도시 집으로 올라가고 싶었다. 약속해 놓은 고향마을 이장인 선배에겐 서천서 공주까지 가기엔 캄캄해질 것 같으니 그냥 올라가겠다고 전화를 넣고는 곧바로 말문을 닫아버렸다.

집으로 돌아와 즐겨찾기로 해놓은 인터넷 부동산 홈페이지를 모두 삭제시켰다. 어떤 이는 좋은 집터를 찾기 위해 전국 각지를 십수 년째 떠돌고 있다는데, 그러고도 아직 마땅한 시골 집터를 찾지 못해 한숨 나온다던데, 나는 오늘 한 번으로 시골집 터 찾으러 다니는 일을 접기로 했다. 싸고 좋은 매물은 인터넷 매물로 올라오기 전에 이미 성사가 이루어진다는 말을 되돌리면서 집도 사람처럼 연이 닿아야 이뤄진다는 말에 수긍하면서. 서천 매물 소유주에게는 실없는 계약 약속을 한 것 같아 미안했다. 진심이다.

산신령님, 뭐 드시고 싶은 거 있으세요?

아무래도 산신령님 덕분이었습니다. 나는 그렇게밖에 생각할 수가 없습니다. 그렇지 않고서야 세 시간이 넘는 십일 킬로미터의 어둑해져 오는 산속에서 길 잃고 헤매던 나를 어찌 한 시간 만에 안전한 인가로 내려오게 할 수 있겠어요? 분명 올라갈 때는 광지원초교 앞에서 시작한 노적산 등산로였습니다. 그 길 똑같이 되짚어 무작정 달려 내려온 길이 엉뚱하게도 은고개 엄미리였으니 참 이해할 수 없는 일입니다.

남들 다 하산하는 오후 네 시에 생판 모르는 산행을 결행했던 것이 얼마나 무모한 짓인지는 그때는 전혀 감이 없었습니다. 가볍게, 정말 가벼운 마음으로 시작한 산행이었습니다. 벌봉까지 올라갔다가 남한산성 기착지로 내려와 버스를 타고 산성계곡 초입에서 내려 물놀이 좀 하다가 집에 귀가 하는 것, 이것이 광천리에서 내려 남한산성 초입에서 우연히 본 푯말로 정해진 즉흥 산행로였습니다. 그러나 세 시간을 넘게 와서 목적지를 잃었습니다. 중도에 포기하면 아니 간만 못하다는 오기로 결행한, 벌봉 0.4킬로미터 푯말대로 십여 분 오르던 중이었습니다. 길게 잡아 30분쯤이면 되지 않을까 생각이었지만, 헉헉대며 계속해서 오르는 가파른 이 길이 벌봉가는 길이 맞는지조차 알 수가 없습니다. 벌봉으로 가는 길이 확실하다면야 강행해 보겠지만 어떤 정보도 없는 초행길에 지나치는 산객조차 없어 물어볼 수도 없습니다. 시간만 충분하다면야 도로 내려와 푯말 앞에서 다시 길을 잡으면 되겠지만 시간이 또 문제였습니다. 시간은 벌써 오후 일곱 시를 넘기고 있습니다. 오도가도 못할 이 상황에서도 눈앞에 있을 벌봉은 자꾸만 내 발목을 잡고 늘어집니다. 그렇게 더 십여 분을 오르다가 이러다간 산속에 고립되겠다는 두려움이 엄습해 왔습니다. 노루꼬리만큼 남은 여름 해는 금방 사라질 것입니다. 여기까지 생각이 미치자 곧바로 심장이 쿵쿵대기 시작합니다. 지금부터 하산한다 해도 세 시간이 넘는 거리, 하산 중에 결국 어둠을 맞닥뜨릴 상황입니다. 고립무원. 거기 누구 없어요? 길을 잃었어요. 크게 소리쳐도 울창한 여름 숲은 태곳적 침묵입니다. 한 시간 반 전쯤에 만난 부부 산객을 따라 하산하지 못한 후회가 밀려왔습니다. 심장은 점점 옥죄어 옵니다. 아무런 장비도 없이 캄캄한 산속에서 혼자 밤을 보낼 수는 없는 일입니다. 하산을 결정했습니다. 세 시간 넘게 걸리더라도 하산하면 마을 버스정류장이 있는 것은 확실했으니까요. 오르는 길보다 내려가는 길이 시간 단축되는 것까지 계산에 넣었습니다.

하산이 결정되자 이제 벌봉에 대한 미련은 떨쳐버리기로 했습니다. 한봉까지 단숨에 달려 내려왔습니다. 한봉 푯말 앞에서 남편과 119구급에 전화를 넣었습니다. 119와는 연결이 닿지 않아 다시 남편에게 전화를 걸어 여차하면 조난신고를 해달라고 말해놓고는 오르던 길을 되짚어 무작정 내달리기 시작했습니다. 핸드폰을 손에 쥐고 수시로 시간을 체크했습니다. 심장과 숨결은 격렬하게 펌프질해대며 사납게 발길을 따라왔습니다.

한 사십여 분을 정신없이 달려 내려오자 멀리 왼편에서 자동차 소리와 문명의 불빛이 희미하게 들어옵니다. 아, 이제 됐구나. 안도의 숨과 함께 단번에 심장박동 소리가 줄어듭니다. 남편에게 문명의 소리가 들린다는 전화를 넣고 한참을 더 내쳐 내려왔습니다. 이번엔 오른편 먼 곳에서 불빛이 들어옵니다. 컹컹 개 짖는 소리도 들립니다. 순간 등산로를 고집할 게 아니라 인가로 내려가는 길이 안전하겠다는 생각이 옵니다. 개 짖는 소리와 불빛을 따라 무조건 잡목 숲으로 발길을 꺾었습니다. 얼마 후 작은 둔덕에 무덤이 나타납니다. 산속에서 만난 무덤이 이렇게 반가운 건 처음입니다. 죽은 자의 집이 있다는 것은 곧 산 자의 집으로 연결된 길도 있는 법. 바로 무덤 옆으로 좁은 길이 나 있고 그 길 따라 계속 내려오니 드디어 인가가 보입니다.

산행하다 길을 잃었는데 여기는 어딘가요? 어둑해진 밭에서 일하고 있는 초로의 부부에게 대뜸 지명부터 물었습니다. 엄미리라고 합니다. 그러면 광천리는요? 물으니 초로의 아저씨가 저쪽 산등성이 끝을 가리킵니다. 광천리 등산로는 두 마장쯤 건너뛰어 커다란 산짐승처럼 길게 누워 있습니다. 분명 올라가던 길을 되짚어 내려왔는데 어떻게 엄미리로 내려오게 된 건지 도무지 이해되지 않았습니다. 광천리로 내려가는 길이었다면 아직도 어둠과 맞닿은 두려움에 휩싸여 정신없이 산길을 내달리고 있겠지요. 생각하니 아득해지면서 다시금 심장이 조여집니다.

초행인 엄미리 숲을 빠져나오자마자 곧바로 어둠이 몰려옵니다. 막 빠져나온 숲은 금방 캄캄한 물체로 잠겨 버립니다. 아무리 생각해도 어둠 속에서 길 잃은 나를 짧은 길로 인도하여 안전한 인가로 내려오게 한 보이지 않는 힘이 있었던 게 분명합니다. 그게 아니라면 다른 말로는 설명될 수가 없습니다. 그런데 지금, 가만 생각해 보니 장경사 삼신각의 산신령님이 인도해 주셨다는 생각이 드는 겁니다.

─ 여기가 네가 갈 길이냐?

─ 모르옵니다.

─ 그러면 저기가 네가 갈 길이냐?

─ 그것도 모르옵니다.

─ 그렇다면 옜다, 이 길로 내려가거라.

이렇게 산신령님이 내가 갈 길을 던져주신 듯합니다.

남한산성 탐방로에 맛들인 나는 일주일 전에도 쏟아지는 폭염과 후덥지근한 땀을 온몸에 두르고 걷고 걸어 초행인 장경사에 들어갔었습니다. 법당 부처님께는 삼 배 절을 올리고 작은 시주도 올렸지만 삼신각에 모셔진 산신령님께는 절만 드리고 자리에서 일어났습니다. 주머니에 들어있는 천 원 한 장을 만지작거리면서요. 내려가 자판기에서 시원한 음료를 뽑아 마실 셈이었습니다. 그런데도 눈이 마주친 산신령님은 잔머리 셈이나 하는 하찮은 중생을 인자한 미소로 내려다보고만 있었습니다. 흰 수염 길게 늘어뜨린 채 빙그레 웃는 모습이 어찌나 좋아 뵈던지 계단을 내려오면서 다짐했습니다. 삼신각 신령님을 뵈러 꼭 다시 한번 이 절에 오겠다고요.

남한산성 내 장경사 삼신각에 모셔진 산신령님! 깊은 산속에서 길 잃고 헤매는 저를 안전한 마을로 인도해 주셨으니 이번엔 꼭 보은을 드리고 싶습니다. 사양치 마시고 뭐 드시고 싶은 거 있으면 말씀해 주셔요. 아무래도 여름철이니 과일이 좋겠지요? 포도는 새큼해서 좀 그렇고 복숭아 어떠셔요? 단물 뚝뚝 흘러내리는 미백 복숭아 괜찮겠지요, 산신령님?

4부
아양을 살살 떨면서를 아시나요?

아양을 살살 떨면서를 아시나요?

들어는 보셨나요? '아양을 살살 떨면서'란 노랫말을요?

저는 처음 들었습니다. 아침부터 흥얼흥얼 이 노랫말이 입속에서 계속 흘러나오고 있습니다. 나머지 가사는 전혀 모르겠어요.

어제 너른고을문학회 천렵에 초대받아 가서 듣게 된 노래입니다. 광주가 고향이신 구중서 선생님(한국작가회의 이사장)을 비롯해 정희성 선생님(전 한국작가회의 이사장), 강민 선생님, 황명걸 선생님, 김영재 선생님(한국작가회의 시조분과 위원장), 박시교 선생님 등 여러 원로 시인들께서 자리를 빛내주신 자리이기도 했습니다.

커다란 유리창 밖으로 비는 속살속살 내리고 있었고요. 천진암 계곡 옆에서 곤드레밥에 훈제고기에 도토리묵에 취나물에 진수성

찬의 점심을 끝내고, 낮술도 몇 순배 돌아간 후였습니다. 강남율 시인의 기타반주가 한참 흥을 돋우고 있었습니다. "노래방에는 나와 있지 않은 노래인데…" 하시며 이 노래를 들려주신 분은 시인이신 정희성 선생님이었습니다. 학처럼 고고하신―"사모님께선, 학은 무슨 학? 닭이다 닭, 그것도 오골계, 하셨다지만!"(「시인 본색」에서) ―선생님께서 정말 아가씨보다 더 간드러진 목소리로 "아양을~ 살살~ 떨면서~" 노랫말을 넘기시는 데, 저 그만 홀딱 반해버렸습니다. 평생을 교직에 계시다 정년퇴임하신 맑은 선비 같으신 선생님께서, 그리 야시시한 노래를 이리 간드러지게 부르시니, 처음 듣는 저로서는 놀라움 자체였던 겁니다. 듣는 사람이 꼴딱 넘어가게 노랫말에 아양을 살살 부리셔서 함께 자리에 있던 여성작가들의 열화 같은 환호를 받았습니다. 여성 작가들의 열렬한 호응 속에서도 선생님은 흔들림 없이 3절 끝까지 다 들려주셨습니다.

문학관에서 들리는 얘기 하나가 있습니다. 정희성 선생님이 노래하실 때면 살짝 윙크한 속눈썹이 파르르 떨린다는 겁니다. 대체 어떤 모습으로 노래하시기에 남성의 속눈썹이 파르르 떨리는 것일까요. 오늘이 그 장면을 눈으로 확인할 수 있는 좋은 기회였습니다. 그런데 아쉽게도 같은 줄 두 자리 옆에 자리하고 있어서 파르르 떨리는 선생님의 속눈썹을 직접 영접하진 못했습니다. 그렇지만 노래하시는 모습을 보면서 떨리는 속눈썹이 본 것처럼 환히 그려지는 듯했습니다.

집에 돌아와 '아양을 살살 떨면서'를 인터넷 검색창에 넣었지요. 나옵니다. 제목은 <다방 아가씨>네요. 반야월 작사, 김교성 작곡, 남백송이란 가수가 불렀군요. 옛 가요입니다. 어느 블로그 주인이 올려놓은 노래를 듣는데, '아양을 살살 떨면서'에서 묵직한 저음의 남백송 가수님도 간드러집니다. 한번 음미해 보셔요. 상대의 마음을 끌어들이기 위해서 과한 몸짓은 불필요합니다. 그저 새실새실한 눈웃음으로 살살 아양을 부리면 되는 겁니다. '아양'도 그렇지만 '살살'이란 가사도 좀 음미해 보셔요. 온 마음이 흘러내리듯 녹아내리듯 부드러운 교태를 품고 있습니다. 간드러진 눈웃음으로 아양을 살살 떨면서 고운 다방 아가씨가 주는 모닝커피는 얼마나 맛 좋고 부드러웠을까요? 그 맛에 또 얼마나 많은 뭇 남성들이 홀딱 넘어가게 됐을까요?

시인이란 꼬리표를 달고 있으니 또 문학판 어느 자리에서 선생님의 '아양을 살살 떨면서' 노래를 들을 수 있는 기회가 올지는 모르겠어요. 파르르 떨리는 선생님의 속눈썹도 볼 수 있다면 그야말로 계 탄 기분이겠지요. 그럴 기회가 주어지지 않는다면 남백송 가수님의 노래라도 들을 겁니다. 어깨 힘 내리고 부드럽게 귀 내맡기고 노랫말에 살살 리듬을 태우면 됩니다. 몸과 마음이 간드러진 잔물결로 살살 미끄러지면 됩니다.

다방 아가씨 (남백송 노래)

1. 종로 뒷골목에는 다방도 많은데
   그 다방 그 아가씨는 정말 고와요
   눈웃음 간드러지게 아양을 살살 떨면서
   모닝커피 드릴까요 칼피스 드릴까요
   다방 아가씨

2. 남포동 네거리에는 버스도 많은데
   그 버스 그 아가씨는 정말 친절해
   명랑한 목소리로써 오라이 신호하면서
   노인네는 앉으시고 젊은이는 서세요
   차장 아가씨

3. 서울의 데파트에는 양품도 많은데
   데파트 그 아가씨는 정말 예뻐요
   잠자리 춤을 추면서 아양을 살살 떨면서
   나이롱을 보실까요 국산품을 보실까요
   쇼프 아가씨

<다방 아가씨>를 듣게 해주신 블로그 주인이신 두기 님 고맙습니다. 그리고 남백송 가수님의 알려진 노래가 더 있네요. '여보세요 미스 김 오해마세요'로 시작하는 <전화통신>입니다.

고까짓 것 했더래요

1. 갑돌이와 갑순이는 한 마을에 살았더래요
   둘이는 서로서로 사랑을 했더래요
   그러나 둘이는 마음뿐이래요
   겉으로는 모르는 척 했더래요

2. 그러다가 갑순이는 시집을 갔더래요
   시집간 날 첫날밤에 한없이 울었더래요
   갑순이 마음은 갑돌이뿐이래요
   겉으로는 안 그런 척 했더래요

3. 갑돌이도 화가 나서 장가를 갔더래요

장가간 날 첫날밤에 달 보고 울었더래요

갑돌이 마음은 갑순이뿐이래요

겉으로는 고까짓 것 했더래요

그래! 그런 뜻이었구나!

유레카!

모든 유레카는 화장실에서 볼일 보다 떠오른다지만 나는 아침 잠자리에서 뜻을 찾았다.

오늘 아침 느지막이 잠자리에서 눈을 떠 <갑돌이와 갑순이>를 불렀다. 그냥 무심코 불렀다. 1절 2절을 부르고 이어 3절을 불렀다. 3절 마지막에 와서 고까짓 것 했더래요 부르다, 응? 고까짓 것? 그래 맞다! 고까짓 것 했다!가 바로 그 뜻이구나.

갑돌이와 갑순이 노랫말 중에서 나는 3절을 가장 좋아한다. 못 이룬 연정에 마음 아파 우는 갑돌이의 그 순박함이 좋아서다. 마음속 사랑을 모르는 척하는 1절 가사나 상대에게 마음 들키지 않으려 안 그런 척하는 2절 가사는 일상에서 자주 있는 일이니 뭐 그렇다 치자. 그러나 3절 가사에 와선 아주 재미있어진다. 서로 마음에 두고 있던 한마을 갑순이가 나를 두고 다른 남정네에게 시집을 가버린 것이다. 갑돌이는 화가 났다. 그래서 갑돌이도 다른 여인에게 장가든다. 그런데 어쩌냐. 장가든 첫날밤에 오직 갑순이 생각으로

만 간절하다. 휘영청 떠오른 달을 보니 더욱 그렇다. 갑돌이는 운다. 갑순이 생각하며 달을 보고 운다. 갑돌이 마음속엔 오로지 갑순이뿐인 것이다.

여기까지 가사가 다 이해됐다. 그런데 '고까짓 것 했더래요'에 와선 늘 막혔다. 고까짓 것 했다니, 대관절 무엇으로 고까짓 것 했단 말인가. 갑순이가 생각나서 달 보고 울다가 고까짓 것 한 것은 분명 어떤 행위가 들어있는 것 같은데, 그걸 찾지 못하겠는 거다. 사전적 의미인 '고까짓 것' 뜻을 모르는 바도 아니었는데, 고까짓 것 속에 내가 알지 못하는 엄청난 비의가 들어있을 거라고 지레짐작했다. 내가 모르는 더 깊고 다른 행위의 의미망이 숨겨져 있을 거라고. 후렴구인 요 '으음으음' 때문에 더 갇혀 헤맸다. 숱하게 흥얼거리면서도 고까짓 것 한 이유를 도저히 풀지 못하니, 나중엔 에라 모르겠다, 떠난 갑순인 잊어버리고 장가든 내 색시와 속닥속닥 잘 살아보겠다는 뜻이겠지, 억지로 해석해 두었다.

사실 뜻은 가사에 그대로 드러나 있는 거였다. 달 보며 울다 생각하니 사랑하는 내 마음을 몰라주고 다른 남자에게 시집 가버린 (물론 부모 힘에 의해서였겠지만) 갑순이 괘씸한 거였다. 비로소 현실을 직시한 거지. 야속하고 미운 마음에, 흥! 갑순이 네가 아니어도 나는 장가갔다. 앞으로 난 잘 먹고 잘살 거다. 갑순이 너도 그러든지 말든지.

그런데 이게 또 속마음은 그렇지 않으니 탈인 거다. 갑순이와 부부 연을 맺지 못한 안타까움을 탓하다가 자신도 모르게 '쳇! 고까짓 것!' 내뱉어 버린 것이다. 다시 말해, '쳇, 별것도 아닌 것이! 흥, 별일도 아닌 것을!' 이것이 이 가사의 요지였던 것인데, 나는 처음부터 색다르게 접근했으니 여태 가사 의미를 파악하지 못했던 것이다.

그랬다. 어려서부터 자주 불러대던 <갑돌이와 갑순이>의 고까짓 것의 뜻을 이제야 찾아낸 것이다. 속살속살 비 내리는 오늘 아침 느지막이 잠자리에서 깨어나서야, 맞네, 그까짓 것이란 바로 이 뜻이었네. 이 어처구니없는 무지함. 어떤 행위에 함의를 둔 것이 아닌, 겉으로 드러난 표면적인 뜻이란 걸 이제야 깨쳤으니 나도 참으로 오랫동안 우매했다. 그 단순한 뜻을 몰라 여태 헤맸던 나는 오늘 비로소 합리적 결론을 맺는다. 현대인처럼 노골적이지 않는 사랑을 교감한 갑돌이와 갑순이의 순정한 마음을 오래도록 간직하고 싶어서였다고. 내 마음이 그래서였다고. 하 참! 요까짓 것, 아무것도 아닌 걸 가지고 여태 가사 하나에 갇혀있었다고. 그랬었다고.

국어사전을 펼친다.

"그-까짓: (관) 겨우 그럴만한 정도로. ~은 아무라도 하겠다/ ~것쯤은 아무것도 아니다. (준) 그깟. 까짓. (작)고까짓."

갑돌이 울던 달밤은 아니지만, '고까짓 것'을 풀어낸 흡족한 마음으로 <갑돌이와 갑순이>의 3절을 처음부터 다시 불러본다. 가수

김세레나의 콧소리까지 완벽하게 넣어, 음~ 음~! 음음~ 고까짓 것 했더래요. 고까짓 것 했더래요.

진주 난봉가

울도 담도 없는 집에서 시집살이 삼 년 만에
시어머니 하시는 말씀 애야 아가 며늘아가
진주낭군 오실 터이니 진주남강 빨래가라
진주남강 빨래가니 산도 좋고 물도 좋아
우당탕탕 빨래하는데 난데없는 말굽소리
고개 들어 힐끗 보니 하늘같은 갓을 쓰고
구름같은 말을 타고서 못본 듯이 지나더라
흰 빨래는 희게 빨고 검은 빨래 검게 빨아
집이라고 돌아와 보니 사랑방이 소요하다
시어머니 하시는 말씀 애야 아가 며늘아가
진주낭군 오시었으니 사랑방에 나가봐라

사랑방에 나가보니 온갖가지 안주에다
기생첩을 옆에 끼고서 권주가를 부르더라
이것을 본 며늘아가 못본 듯이 물러 나와
아홉가지 약을 먹고서 목매달아 죽었더라
이 말 들은 진주낭군 버선발로 뛰어나와
내 이럴 줄 왜 몰랐던가 사랑 사랑 내 사랑아
화류정은 삼 년이고 본댁정은 백 년인데
내 이럴 줄 왜 몰랐던가 사랑 사랑 내 사랑아
너는 죽어 꽃이 되고 나는 죽어 나비 되어
푸른 청산 찾아가서 천 년 만 년 살고 지고 어화둥둥 내 사랑

그때가 언제이던가. 두 아이가 어렸을 때니 나도 새파란 나이였었다. 하남시 사회교육학교에서 아직 미혼인 젊은 강사한테 사물을 배웠던 적이 있다. 그때 내가 잡은 것은 장고였다. (장구가 아닌 '장고'가 맞는 명칭이란 걸 그때 처음 배웠다. 그러나 장구나 장고가 함께 불린다는 것은 또 나중에 다른 곳에서 알았다.) 겨우 장고채 쥐는 방법을 시늉으로 덩기덕 덩덕 덩기덕 쿵덕! 강사의 손놀림을 서툴게 따라갔던 것. 사물놀이에선 꽹과리가 상쇠여서 나머지 악기인, 그러니까 장고, 북, 징은 꽹과리의 움직임에 따라간다는 것은 확실했다.

거기에 소리 하나를 보태 배웠으니 바로 <진주 난봉가>였다. 가락 자체는 흥겹지만 노랫말은 정반대여서, 아, 슬프다! 정말 슬프다! 하면서 강사가 선창하는 노래를 수강생들은 열심히 따라 불렀다. 하필 급제한 낭군 돌아오시는 날에 진주남강으로 빨래 보낸 나쁜 시어미를 탓하면서. 허랑방탕한 진주낭군을 흉보면서. 한 가지도 아닌 아홉 가지 약을 먹고 목 매달은 며늘아가를 애통해하면서. 죽은 뒤에 버선발로 뛰어나와 어화둥둥 내 사랑아 부르면 뭐 할 것이냐 울분하면서.

그날 수강생들은 며늘아가처럼 분통에 차서 한 수강생이 이끄는 집으로 몰려 들어갔다. 주인은 유리병에 고이 담가 모셔둔 과일주를 꺼내왔다. 술을 제공한 집 주인도 주(酒)님에 대해선 절대 물러남이 없었지만 운동권 학생이었던 귀여운 곰돌이 젊은 강사 또한 술심에 굉장한 대적이었다.

여흥은 달아올라 모여든 처음 뜻과는 다르게 흘러갔다. 새로운 과일주 병이 열릴 때마다 목매달아 죽은 며늘아가의 애통함은 점점 멀어지고, 어느 틈에 수강생들은 어화둥둥 어화둥둥 권주가를 부르는 진주낭군이 돼 있었다. 봄날 대낮에 가정집 안방에 모여 각기 다른 맛의 과일주를 모조리 동내고 있었으니 그야말로 현대판 진주난봉가가 따로 없었다. 그때 나는 술에 대해선 아직 순진할 때였으므로 디오니소스 신에게 바짝 잡혀들지는 않았으나 분위기만

큼은 사뭇 흥겨운 굿거리장단이었다.

그리고 많은 시간이 흘렀다.

늦깎이 대학을 마치고 나는 시인이 됐다.

이태 전, 여러 시인들이 모인 행사 뒤풀이 자리에서 한 선배 시인이 <진주 난봉가>를 부르더라. 어느새 내가 한 대목을 따라 부르고 있더라. 장고채를 쥐고 사물 치는 흉내를 내던 젊은 시절이 저절로 따라 오더라. 선배 시인의 난봉가를 듣고 난 후에는 앞서 다른 시인들이 부른 모든 노래는 다 지워지더라. 진주난봉가를 완창하는 그 선배 시인이 한없이 우러러 뵈더라. 나는 진주난봉가를 닮은 선배 시인에게 구전민요인 <진주 난봉가>를 한 번 더 청하고 있더라.

울도 담도 없는 집에서 시집살이 삼 년 만에 시어머니 하시는 말씀. 애야 아가 며늘아가 진주 낭군 오실 터이니 진주 남강 빨래가라. 진주 남강 빨래가니 산도 좋고 물도 좋아 우당탕탕 두들기는데 난데없는 말굽소리 고개 들어 힐끗 보니 하늘같은 갓을 쓰고 구름 같은 말을 타고서 못 본 듯이 지나더라. 흰 빨래는 희게 빨고 검은 빨래 검게 빨아 집이라고 돌아와 보니 사랑방이 소요하다. 시어머니 하시는 말씀 애야 아가 며늘아가 진주 낭군 오시었으니 사랑방에 들러봐라 사랑방에 올라보니 온 갖

가지 술을 놓고 기생첩을 옆에 끼고서 권주가를 부르더라 건넌
방에 내려와서 아홉 가지 약을 먹고서 비단석자 내어내어 목을
달아 죽었더라 진주 낭군 이 말 듣고 버선발로 뛰어나와 너 이
럴 줄 왜 몰랐던가 사랑 사랑 내 사랑아 화류객정 삼 년이요 본
댁 걱정 백 년인데 너 이럴 줄 몰랐다 사랑 사랑 내 사랑아.

진주난봉가

진주난봉가는 경상도 민요다. 경상도와 전라도 지방 일부에서 불리던 소박한 토속 민요이다. 노랫말의 내용이나 곡조를 보아서는 그리 오래된 소리는 아니나, 슬픈 내용과 구성진 가락으로 인해 군부독재 시절 민주화를 외친 젊은 층에서 널리 애창되었다. 경상도 민요는 메나리조의 노래가 많고 노동요가 주를 이룬다. 씩씩하고 꿋꿋한 느낌을 주며, 상여소리와 같이 직선적으로 감정에 호소하는 경우가 많다. (네이버 지식iN)

가수 이현 팬카페

그러니까 다 늦어 무슨 바람이 불어서인지 모르겠으나, 어찌저찌한 사연으로 가수 팬카페에 가입이란 걸 하게 되었다. 가입한 팬카페의 가수는 칠십 년대에 활동했던 이현이다. (이현 검색하니까, 밥만 잘 먹더라는 젊은 가수 이현이 먼저 뜬다) 솔직히 말하면 '옛 가수' 이현의 팬이었다기보다는, <고귀한 선물>를 부른 가수 장은아가 동기부여를 했다. 지난 9월쯤에 도서관에 가서 시사 잡지를 읽다가, 가수에서 화가로 변신한 장은아 기사를 접했다. 연둣빛 기타와 붉은 입술을 그린 액자 앞에서 기타를 안고 찍은 장은아 사진이 참으로 인상적이었다. 인터뷰에 실린 그녀의 말도 마음에 들어왔다.

"기타는 저의 분신입니다. 40년 이상 기타와 함께 살았으니까요. 기타 없는 내 삶은 상상할 수도 없지요. 그림을 그려야겠다고 생각했을 때 아주 자연스럽게 기타를 그리고 싶었습니다. 기타를 치며 노래 부르는 나의 모습을 입술로 표현한 것이지요."

맑고 건강한 원색 느낌의 기타 그림도 아름다웠고, 세월이 흐른 뒤에 화가로 변신한 모습도 아름다웠다. '외로울 때면 생각하세요 아름다운 이 거리를 생각하세요 잊을 수 없는 옛날을 찾아 나 이렇게 꿈길 속을 헤맨답니다' 과거에 그녀가 부른 노래를 즐겨 불렀던 터라 시사 잡지에 실린 그림사진을 휴대폰에 담았다. 내 블로그에 올릴 생각이었다.

집에 돌아와 컴퓨터를 켜 장은아를 검색했다. 모르고 있었던 장미리란 가수와 자매란 기사가 검색된다. 물론 장은아와 한 시대에 활동했던, <빈 의자>를 부른 장재남과는 남매지간이란 건 알고 있었다. 그런데 장미리? 장미리가 누구지? 궁금하니 장미리도 검색창에 넣었다. "고음으로 노래한, <어떻게 할까>, <말 전해다오> 등, 컨튜리, 소울, 팝, 락 등 60년대 말에서 70년대 초에 폭발적인 인기를 끌었던" 가수라고 나온다. '말 전해다오' 제목을 보는 순간 대번에 내 입속에서 첫 가사 부분이 스스럼없이 흘러나온다. 더불어 밤안개가 주는 몽환의 가사에 아련해지면서 어릴 적 먼 기억까지 끌려 나온다. 새로운 궁금증을 불러냈으니 이어 노래 제목까지 검색한다. 트로트 맛과는 전혀 다른 탄탄하고 허스키한 가창력에 소울까지 겸비한 노래, '안개가 자욱한 밤에 말없이 찾아온 그 님'으로 시작해 '진실한 내 사랑을 안개여 말 전해다오'로 맺는, 그야말로 시골 흙바람 벽에 붙은 조잡한 라디오 스피커에서 듣던 70년대 추억의 노래를 부른 가수였다.

이제 검색창엔 곁가지가 딸려온다. 1970년 장미리와 이현이 신인상을 수상했다는 기사다. 지금도 옛 시절을 되돌려 가끔씩 흥얼대는 <잊지 마>를 이현이 불렀다. 이제 검색어는 이현으로 넘어간다. 내게 이현은 어느 잡지에 실린 컬러사진 그림에서부터 시작된다. 그 잡지가 <새농민>이었을까. <선데이서울>이었을까. 한 마을에 이웃한 처녀언니 집에서 본 것이어서 확실한 기억은 없다. 그러나 가수 이현이 여배우 나오미와 나눈 대화는 지금도 기억에 저장되고 있다.

이현: 오미, 오늘 하루 시인이 돼 보지 않겠어?

나오미: 어머! 우린 이미 시인이 됐는걸요. 파란 하늘이 있고 그 속에 우리가 있고 (…)

물론 정확한 대사는 아니다. 그러나 젊은 두 청춘의 컬러판 대화는 지금도 여전히 내 기억 속에서 꿈결처럼 흐르고 있다. 잡지에 나온 두 청춘 배우에 소녀 시절인 나를 입혀 미지의 상상을 펼치고 또 펼쳤던 것이다. 오늘 시인이 돼 보지 않겠어? 묻고, 어머 우린 이미 시인이 됐는걸요, 답하는 낭만적인 청춘의 그림을. 지금 이 글을 쓰면서 70년대 배우 나오미도 검색했다. 자연적이고 서구적인 상당한 미인이다. 이렇게 장은아에서 장미리에서 이현에서 나오미까지 인터넷 검색창에 입력되었던 것이다.

늦은 밤에 이현 노래를 찾아 듣는다. 가수 활동이 짧았는데도 트로트에서 번안 가요까지 다양한 장르의 노래를 불렀다. 그러다 이현 팬카페가 있다는 것까지 갔다. 처음 팬카페가 만들어진 소설 같은 내력도 나온다. 문득, <잊지 마> <똑같애> <잘 있어요> 노래를 들으며 한 시대를 살았던 사람들은 어떤 마음들일까 궁금해졌다. 그들과 70년대 추억의 시대를 공유해보고 싶다는 생각도 밀치고 들어왔다.

팬카페에 가입했다. 지금껏 연예인 찾아다니는 사람들을 좀 우습게 여겼는데 아이러니하게도 다 늙은 나이가 된 내가 난생처음 가수 팬카페에 회원가입이란 걸 한 것이다. 그것도 요즘 가수가 아닌 이현이란 옛 가수의 팬카페에 말이다.

잊지 마 (이현 노래)

소꿉장난하던 시절 잊지 않았지
내 눈과 너의 미소 마주칠 때면
아름다운 꿈이 있고 행복이 있어

그 누가 뭐래도 잊지 마

잊지 마 잊지 마

영원토록 잊지 말자

가을 하늘 기러기는 되지 말자고

너하고 나하고 말했지

김상진의 노래, 〈고향이 좋아〉

〈귀농귀촌 지성아빠나눔〉 카페의 코야 님이 올려준 김상진의 노래 〈고향이 좋아〉를 들었습니다.

 저 멀리서 다가오는 아스라한 그리움과 가슴 속에 품고 있던 첫 사랑을 만난 듯 단박에 가슴이 몽글몽글해집니다. 어느 한 실체에 대한 소녀 적 감정이 여전히 살아있다는 게 신기합니다. 칠십 년대의 대중가요는 참 서정적 가사로 풍요로웠습니다. 가사마다 다 사연입니다.

 '저 푸른 초원 위에 그림 같은 집을 짓고'의 남진도 있었고, '코스모스 피어 있는 정든 고향 역'의 나훈아도 있었고, 거기에 '타향은 싫어 고향이 좋아'의 김상진이 있었습니다. 그런데 참 이상하지요. 그 시대 가요 판을 주름잡던 양극의 남진과 나훈아가 아닌 김상진의 노래에서 늘 마음이 흔들리곤 했습니다. 김상진의 <고향이 좋아>를 듣고 있으면 집 떠나온 부모님과 고향 생각에 서글픈 마음이 됐으니까요. 석유 등잔불에 심지 밝히던 작은 초가집이었지만 젊은 부모님의 보살핌 아래서 살고 있으면서도 이상하게 그랬어요. 마음이 좀 성숙했던 모양이에요. 이다음 좀 더 자라 객지에서 느낄 고향 향수에 대한 감정을 미리 예견했던 것이었는지는 모르겠어요. 거기에 김상진이란 젊은 가수를 동경했던 것 같습니다. 다가갈 수 없는 선망의 대상이랄까요, 손에 닿을 수 없는 어려운 대상이랄까요. 참 순정한 소녀 시절이었습니다.

　오늘 우연히 <고향이 좋아>를 듣는데 자꾸만 마음이 아련해지는 겁니다. 풋사랑 감정을 조금씩 느껴가던 십 대 소녀 시절이 오롯이 되살아나는 겁니다. 한참을 마음 풀어놓은 채 듣고 또 듣고 또 반복해서 <고향이 좋아>를 들었습니다. 1절입니다.

> 타향도 정이 들면 정이 들면 고향이라고
> 그 누가 말했던가 말을 했던가
> 바보처럼 바보처럼
> 아니야 아 아니야 그것은 거짓말
> 향수를 달래려고 술이 취해 하던 말이야
> 아아아아 타향은 싫어 고향이 좋아

혹- 하고 고음으로 내지르는 풍부한 성량은 아니지만 한 음에 두 겹의 음색을 내는 독특한 가수입니다. 남성다운 진중한 음색과 여성스러운 섬세한 음색이 한 음에서 공존합니다. 정확한 발음을 내면서도 음 하나하나에 들어있는 풍부한 감정은 부풀어 오르는 풍선 같습니다. 아니야 아아니야를 부를 때에, 부정적으로 쓰는 단어임에도 불구하고 최고점의 감성을 내보입니다. 온몸으로 표현하는 감성과 버들잎의 가녀린 음색, 지그시 감은 듯 실눈 자락의 표정이 마음을 사로잡습니다. 오른손의 엄지와 검지를 톡 마주치는 손가락의 그 쨍한 표정은 또 어떡하고요. 아득히 조여지는 감정의 눈을 꾹 감아야 합니다. 2절로 들어갑니다.

> 타향도 정을 두면 정을 두면 고향이라고
> 그 누가 말했던가 말을 했던가
> 바보처럼 바보처럼
> 아니야 아니야 그것은 거짓말
> 님 생각 고향 생각 달래려고 하던 말이야
> 아아아아 타향은 싫어 고향이 좋아

진종일 들어도 좋을 것 같습니다. 아무려면 어떻겠어요. 마음은 무중력 상태입니다. 한참을 아스라한 그리움에 들어있다가 문득, 그 가수는 잘살고 있을까? 궁금해지는 겁니다. 단발머리 소녀였던 나도 이렇게 늙어가고 있으니 청춘이었던 그도 어디선가 늙어가고 있겠지요. 어쩌면 중후한 장년의 모습으로 변모해 있을지도 모르겠습니다.

그렇더라도 <고향이 좋아>를 듣고 있는 한, 나는 아련한 그리움을 알아가기 시작한 단발머리 십 대의 소녀이고, 내 마음에 가득한 고향 노래를 들려주던 그는 여전히 턱선 날카로운 푸른 가수입니다.

엄마와 도라지꽃

도라지 도라지 백도라지

심심산천에 백도라지

한두 뿌리만 캐어도

대바구니 처얼처얼처얼 다 넘는다

에헤요 에헤요 에헤요 에야라 난다

지화자 좋다 얼씨구 좋구나 내 사랑아

도라지 도라지 도라지

심심산천(골)에 백도라지

한두 뿌리만 캐어도

대바구니에 스리살살 다 넘는다

에헤요 데헤여 에헤여 에야라 난다

지화자자 좋다 네가 내 간장 스리살살 다 녹인다

(경기 북부, 황해도 민요)

내게 도라지꽃은 엄마로부터 왔다. 올 여름에도 도라지꽃을 만났다. 흰꽃 보라꽃 도라지꽃으로 피어 바람에 한들거린다. 발걸음 멈춰 도라지꽃을 들여다본다. 도라지꽃 속에 젊은 엄마 모습이 얼비친다. 엄마는 나긋나긋 도라지꽃 속에서 노래를 부르고 있다. '도라지 도라지 백도라지 심심산천에 백도라지.' 한 소절 운을 띄운 엄마는 이내 자리에서 일어나 허리에 두른 광목 앞치마를 들어 도라지꽃을 주워 올리고 있다. '흰 꽃 보라 꽃 도라지꽃 에헤요 에헤요 에헤야.' 어느 결에 나도 따라 부르고 있다. '검은 흙 헤치면 하얀 도라지 어디 묻혔는지 꽃이 피어서 알려주네.'

어릴 적 엄마의 주머니는 옛날얘기 저장고였다. 긴 긴 겨울밤이면 엄마는 우리 여섯 형제를 둘러앉히고 옛날얘기 주머니 끈을 풀어내셨다. 옛날얘기 너무 좋아하면 가난하게 산다는 말도 빼놓지 않으셨지만, 눈망울 반짝이며 졸라대는 우리의 성화에 못 이기는 척 바느질감을 무릎에서 내려놓고는, '옛날옛날 아주 먼 옛날에 말이다'로 서두를 꺼내셨다. 그러면 우리 형제는 엄마 무릎에 바짝 다가앉아 다음 얘기에 귀를 기울였다. '어느 마을에 마음 착한 효자가 살았더란다' 얘기가 풀리면 우리의 눈빛은 더욱 초롱초롱해졌다.

엄마의 옛날애기는 다양했다. 우렁각시 이야기, 뱀허물 쓴 신랑 이야기, 머슴 막둥이 이야기, 호랑이와 곶감 이야기 등 흥미진진한 옛날애기는 매일 밤 엄마의 애기 주머니에서 흘러나와 어린 우리들 마음속으로 들어왔다. 등잔불 심지가 줄어가는 줄도 모르고 엄마의 애기는 계속 이어졌다. 이다음 커서 읽은 전래동화책에 나오는 이야기는 이미 다 엄마에게서 들은 이야기였으니 엄마의 애기 주머니는 요술 주머니였다. 옛날이야기 내용 전개는 다 달랐다. 그러나 서두와 결말은 하나였다. '옛날옛날 어느 마을로 시작해서 아들딸 낳고 잘살았더란다'로 끝을 맺었다. 가끔은 '아들딸 낳고 행복하게 살다가 어제 죽었더란다'로 슬쩍 마무리가 전환되기도 했지만, 어쨌든 이야기의 결말은 언제나 잘 먹고 잘살다 죽은 해피엔딩이었다. 착한 사람은 복을 받고 나쁜 사람은 벌을 받는다는 정형화된 권선징악의 구조도 이야기에 늘 포함되어 있었다. 이렇게 우리 여섯 형제는 엄마의 옛날애기를 들으며 부쩍부쩍 상상의 마음 주머니를 키워나갔다.

여기저기 야산에서 자라나는 도라지. 꽃이 피어서야 흰 꽃, 보라 꽃으로 구별되는 산도라지. 엄마의 손맛까지 보태져 밥상에 올려졌던 도라지의 쌉싸름한 맛은 내 입맛에 잘 맞았다. 그 맛에 홀려 도시락 반찬으로 담아가기도 했다. 그런 도라지가 어느날 어머니의 주머니에서 흘러나왔다. 옛날애기 주머니를 풀던 엄마가 그

날은 웬일로 노래 주머니를 꺼내들었던 것이다. 엄마의 노래 주머니에서 나온 노래는 <도라지꽃>이었다. 처음 듣는 노래였다. 노래를 부르다가 어느 틈에 엄마는 도라지꽃 노래에 맞춰 율동까지 내보이셨다. 어른이 아이들 앞에서 율동하는 모습이 낯설어 놀란 눈빛으로 올려다보았다. 바쁜 농사일에 흙 묻은 차림으로 늘 종종거리시던 엄마가 아이들 앞에서 율동한다는 것이 이상하고 수줍고 부끄러웠다. 그럼에도 엄마의 율동은 바람에 흔들리는 도라지꽃으로 나긋나긋 움직여졌다. 허리와 팔이 아래로 구부러졌다 펴질 때면 엄마의 앞치마엔 도라지 도라지 백도라지가 심심산천으로 담겨졌다. 엄마의 율동은 등잔 불빛 따라 창호 문 그림자로 어릿거렸다. 우리가 처음으로 엄마의 노래와 율동을 바라보던 그날 밤, 뒤꼍 밤나무엔 호새가 날아와 앉아 겨울 밤이 춥다고 호오호오 울었다. 엄마는 도라지꽃 노래를 어디서 배우셨을까. 어릴 적에 엄마의 엄마로부터 배워 익히셨을까. 아니면 마을 동무들과 함께 어울려 배운 놀이었을까.

> 1. 도라지 도라지 도라지
> 　심심산천(深深山川)의 도라지
> 　한두 뿌리만 캐어도
> 　대바구니로 반실만 되누나

에헤요 에헤요 에헤야

　　어여라난다 지화자 좋다

　　저기 저 산 밑에 도라지가 한들한들

2. 도라지 도라지 도라지

　　은률(殷栗) 금산포(金山浦) 백도라지

　　한 뿌리 두 뿌리 받으니

　　산골에 도라지 풍년일세

　　에헤요 에헤요 에헤야

　　어여라난다 지화자 좋다

　　저기 저 산 밑에 도라지가 한들한들

3. 도라지 도라지 도라지

　　강원도(江原道) 금강산(金剛山) 백도라지

　　도라지 캐는 아가씨들

　　손맵시도 멋들어졌네

　　에헤요 에헤요 에헤야

　　어여라난다 지화자 좋다

　　저기 저 산 밑에 도라지가 한들한들

젊은 엄마의 옛날얘기와 옛날 엄마의 도라지꽃은 오래된 액자 속에 들어와 있다. 흰 꽃, 보라 꽃 도라지꽃으로 예쁘게 담겨 있다. 엄마의 도라지꽃은 옛날 도라지꽃으로 담겨 있다. 내 도라지꽃은 유년 속에 담겨 있다. 엄마의 그리움으로 담겨 있다. 엄마와 함께 한 우리의 유년 시절은 저 너머 아득한 곳에 있고 내 마음에 남겨진 엄마 모습은 여전히 젊은 엄마다. 엄마 입에서 전해 들어 배운 노래는 희미하지만 앞치마에 도라지를 담는 엄마의 율동만큼은 기억 속에 깊이 들어와 있다. 기억 주머니에서 휴면하고 있다가 내가 도라지꽃! 부르면 어느결에 달려 나와 눈앞에서 한들거린다. 젊은 엄마와 옛날 엄마가 도라지꽃 속에서 나긋나긋 도라지타령을 부르고 있다. 젊은 엄마가 '도라지 도라지 백도라지 심심산천에 백도라지' 부르면 옛날 엄마가 이어받는다. '에헤요 에헤요 에헤요 검은 흙 헤치면 하얀 도라지 어디 묻혔는지 꽃이 피어서 알려주네'.

개가죽나무가 찾아준 그림자

옥순이 언니를 잊고 있었다. 달덩이처럼 하얗고 둥근 얼굴에 몸가짐이 조신한 언니였다. 전라도 승주가 고향인 언니는 편지도 잘 쓰고 글씨체도 좋았다. 그런 언니의 목소리는 또 얼마나 맑았던지. 옥순 언니의 기억을 되찾게 된 것은 어제 우리집에 놀러 온 윤이 부부 때문이었다. 윤이는 마당가에서 잎을 키우고 있는 나무를 가리켰다.

"언니, 저 나무는 무슨 나무야?"

"개가죽나무. 아무 쓸모도 없는. 그래서 개가죽나무야."

이 가죽나무가 쓰임이 있을 때가 있다. 창문에 그림자를 드리워 줄 때이다. 나는 노래 하나를 데려와 불러주었다. '외로운 밤에 나의 창문을 흔드는 이 누구일까 보고 싶어서 찾아 나온 우리 님일까

반가움에 일어나 창문을 여니 말도 없이 찾아온 바람이었네 외로운 밤에 내 가슴을 살며시 흔들어 주네.'

참죽나무와 개가죽나무가 있다. 참죽나무는 속이 붉고 심지가 단단하다. 시간이 더할수록 결이 아름다워진다. 참죽나무 목재를 본 것만으로도 행운이라고 할 만큼 고급진 나무다. 봄에 나오는 참죽나무 새잎은 나물로 쓰인다. 고추장을 발라 부각으로 먹고 장아찌나 쌈으로도 먹는다. 요모조모 쓰임새가 좋은 나무다. 모양새가 비슷한 개가죽나무가 있다. 속성으로 쑥쑥 자라며 심지는 야무지지 못해 꺾으면 툭툭 꺾인다. 잎은 참죽과 닮았는데 독한냄새가 있어 나물로 사용 못한다. 아무 곳에서나 마구 자라나 귀한 대접도 못 받는, 한 마디로 별 쓸모도 없는 나무가 개가죽나무인 것이다.

자연 그대로 둔 우리 집 마당 돌담에 기대 개가죽나무가 저절로 수를 늘렸다. 어느새 훌쩍 키를 키운 개가죽나무는 밤이면 내 창문에 그림자를 드리운다. 창문에 비치는 그림자는 잎의 크기에 따라 조금씩 달라진다. 달빛이 그득해지면 창문 그림자도 넉넉해진다. 한밤에 깨어 창문 그림자와 마주칠 때가 있다. 바람이라도 이는 날이면 나뭇잎 그림자는 창문에서 너울너울 내 마음을 불러낸다.

깊어 가는 밤 나의 창가에

비치는 저 그림자는 누구일까

보고 싶어서 찾아 나온 우리 님일까

깜짝 놀라 일어나 창문을 여니

뜰에 비친 소나무 그림자였네

외로움에 우는 내 마음을 얄궂게 흔들어 주네.

언제 적 노래인지는 모르겠다. 어디서 누구에게 배웠는지도 기억에 없다. 노래 제목과 노래 부른 가수조차 모르고 있으니 윤이 부군이 휴대폰에서 정보를 찾아준다. 제목 그림자, 가수 이영숙, 노래 영상까지 찾아 들려주는데, 아! 이 가수가 부른 노래였구나. 알 듯 말 듯 한 옛 가수 이름이 생각난다. 그림자를 부르는 가수 음색은 청량하다. 퉁소 소리처럼 바람 소리처럼 맑고 풍부한 성량이다. 가수 음성으로 노랠 들으니 간질간질 내 감정에 파문이 일렁인다. 외로운 밤의 가사인데 작곡은 슬몃슬몃 경쾌하게 흐른다. 일어나 둥싯둥싯 몸을 흔들어 줘야 될 것 같다. 영상까지 내 휴대폰에 올려주고 윤이 부부가 돌아간 후 나는 노트북 검색창에 이영숙의 그림자를 띄웠다.

본명 이영숙

출생 1949년 2월 18일, 대한민국 전라남도 광주시(現 광주광역시)

사망 2016년 11월 17일(67세)

  여러 유튜브에서 이영숙의 그림자 노래가 나온다. 시원한 목소리에 맑고 허스키한 목소리다. 서정적 가사와 가수의 음색이 한 몸 같다. 그런데 얼굴 이미지는 노래 음색과 이질적이다. 이질적인 이미지에서 청아하고 허스키한 음색이 나오는 게 조금은 낯설게 느껴진다. 보고 싶어서의 '서' 발음을 '스'에 가깝게 부른다. 남도 태생이란 게 금방 알아채진다. 띵땅띵땅띵땅 악기가 내는 전주곡에 1, 2절 가사를 이어 듣는데도 짧게 끝나버리는 느낌이다. 몇 번을 재생으로 돌려 듣다가 알아서 도돌이표로 계속 들려주면 좋겠다는 생각이다. 그만큼 이 노래는 너울너울 부드러운 리듬으로 내 마음을 흔들어 주고 있다는 뜻일 거다.
  젊은 초기에 노래하는 가수의 영상이 있지 않을까 싶어 떠 있는 이름 하나하나 찾아 내려간다. 없다. 독특하고 풍부한 서정적 음색을 지닌 가수 영상을 만나지 못해 못내 아쉬워 다른 검색창으로 옮겨 간다. 역시 나오는 영상이 없다. 몇 해 전 타계했다는 정보와 범서방파 두목 김태촌과 옥중 결혼한 정보만 주르륵 나온다. 사적인 정보는 내 관심 밖이니 아쉬운 미련을 뒤로하고 다시 그림자 노래로 돌린다. 떠 있는 순서대로 클릭해서 듣고 또 듣는다. 듣다 보니 '뜰에 있는 소나무'를 '뜰에 비친 소나무'로, '얄밉게 놀려주네'를

'얄궂게 흔들어 주네'로 잘 못 익힌 가사가 발견된다. 1절 가사와 2절 가사가 섞인 부분도 발견된다. 그러나 가사가 좀 틀렸으면 어떤가. 노래를 알고 있다는 것만으로도 의미가 되는 거지. 이참에 제대로 익히면 되는 거다.

그림자 (이영숙 노래, 가람 작사, 김학송 작곡, 1969년)

외로운 밤에 나의 창문을
흔드는 이 누구일까
잠 못 이뤄서 찾아 나온 우리 님일까
반가움에 일어나 창문을 여니
말도 없이 찾아온 바람이었네
외로움에 우는 내 가슴을
살며시 흔들었네

깊어가는 밤 나의 창가에
비치는 저 그림자는 누구일까
보고 싶어서 찾아 나온 우리 님일까
깜짝 놀라 일어나 창문을 여니
뜰에 있는 소나무 그림자였네

외로움에 우는 내 가슴을

얄밉게 놀려주네

그런데 참 이상도 하지! 이 노래 가사를 음미하고 있으면 매번 시 한 편이 오버랩 돼 오는 것이다. 서정주의 『질마재 신화』에 나오는 「신부」이다. "그리고 40년인가 50년이 지나간 뒤에 뜻밖에 딴 볼일이 생겨 이 신부 집 옆을 지나다가 그래도 잠시 궁금해서 신부 방을 열고 들여다보니 신부는 귀밑머리만 풀린 첫날 밤 모양 그대로 초록저고리 다홍치마로 아직도 고스란히 앉아 있었습니다 안쓰러운 생각이 들어 그 어깨를 가서 어루만지니 그때서야 매운재가 되어 폭삭 내려앉아 버렸습니다 초록재와 다홍재로 내려앉았습니다." 신부를 오해하여 첫날밤에 달아난 신랑이 얼마나 야속했으면 사십 년 오십 년까지 귀밑머리만 풀린 첫날 밤 그 모습으로 앉아 있었을까. 얼마나 큰 원망으로 남았으면 매운 재로 폭삭 내려앉았을까. 한 서린 신부의 그림자가 내 창문에도 어른거리는 듯해 잠시 먹먹한 마음이 되곤 했다.

그림자에도 표정이 있다면 어떤 표정일까. 이영숙의 그림자는 외로운 마음의 그림자였을 테지. 내 그림자는 시적인 그림자다. 내 마음을 흔들고 기억 너머에 가 있는 그림자를 불러내는. 그렇다면 오늘 불현듯 생각 난 옥순이 언니의 그림자는 어떤 표정이었을까.

떠나온 고향과 부모에 대한 그리움의 그림자였을까. 그러고 보면 그날의 마음에 따라 깊은 그림자이고 시적인 그림자이고 그리움의 그림자가 되는 건지도 모르겠다.

이영숙이 부르는 그림자는 서정이 있다. 들을수록 빠져들게 하는 완곡한 서정이다. 전주곡도 풍부해서 창문에 비친 그림자로 너울거리게 한다. 살며시 힘 내린 몸짓조차 부드러운 너울이다. 외로운 밤은 아니었지만 별반 쓰임 없는 개가죽나무는 너울너울 잎을 키워 내게 시적인 그림자를 찾아주었다. 하얗게 잊고 살았던 하옥순 언니의 옛 그림자를 찾아주었다.

한때 자매처럼 다정히 지냈던 하옥순 언니. 80년 5·18 민주화운동이 한창이던 때 옥순이 언니는 남도 고향으로 내려가 새 신부가 됐다. 듬직해 보이는 신랑을 옆에 세우고 웨딩드레스를 입은 언니 모습은 달밤에 피어난 박꽃처럼 환했다. 군부독재의 엄혹한 시기임에도 새 부부의 탄생은 민주주의로 가는 희망의 신호로 보이기도 했다.

옥순 언니는 잘 지내고 있을까. 아직도 남도에 살고 있을까. 무작정 찾아보고픈 언니. 언니도 나를 기억하고 있다면 언제이든 꼭 한번은 만나 옛 추억의 그림자를 듀엣으로 불러보고 싶다. 그동안 살아온 지난 세월의 그림자를 풀어보고 싶다.

오랫동안 옥순이 언니는 잊고 있었지만 언니에게 들은 노래는 잊지 않고 있었다. 돌담 마당가 가죽나무 그림자가 창문에 와서 너울거리면 자연스럽게 그림자 노래를 꺼내 부르는 것이다. 개가죽나무는 비로소 내게 와 쓰임 있는 나무가 된 것이다. 윤이 부부가 방문해 준 나비효과였다.

찔레꽃, 찔레꽃, 하얀 찔레꽃

찔레꽃이 피었다. 하얗게 피었다. 아침 산책길에 만났다. 새 찔레순을 꺾어 추억을 맛본 지가 엊그제였는데 찔레꽃이 피기 시작했다. 찔레꽃에 다가가 향기를 맡는다. 향기는 유년의 감정선을 툭 건드린다. 한 잎 따 입에 문다. '엄마 일 가는 길에 하얀 찔레꽃 찔레꽃 꽃잎은 맛도 좋지 배고픈 날 하나씩 따 먹었다오 엄마엄마 부르며 따 먹었다오.'

내게 찔레꽃 향기는 젊은 엄마 냄새다. '엄마 일 가는 길에 하얀 찔레꽃'을 부르면 들일 가는 엄마 앞에 찔레꽃이 피어 있는 풍경이 그려진다. '하얀 발목 바쁘게 내려오시네'를 부르면 밭일 마치고 어둑한 길을 바쁘게 달려오시는 엄마 그림이 아릿하게 그려진다. 그 길은 호랑이가 따라왔다는 오리 길 너머 호랑바위골의 산밭이기도 하고 작은 고개 너머 애기 무덤이 있는 뙤밭골의 비탈밭이기도 하다. 엄마가 오가는 그 길에 하얀 찔레꽃이 피어 있다. 그래서 엄마 냄새는 하얀 찔레꽃이다.

  찔레꽃 노래는 세 가지가 있다. 하나는 1972년에 발표해 이연실이 불렀다. 또 하나는 1995년에 발매한 장사익이 부는 노래다. 두 노래보다 더 오래전에 나온 노래가 있다. 1942년 김영일 작사, 김교성이 작곡하고 박난아가 불렀다. 찔레꽃 제목은 같지만 가사와 곡은 완전 다른 색채다.

    찔레꽃 (이연실 노래)

    엄마 일 가는 길에 하얀 찔레꽃
    찔레꽃 하얀 잎은 맛도 좋지
    배고픈 날 가만히 따 먹었다오
    엄마엄마 부르며 따 먹었다오

    밤 깊어 까만데 엄마 혼자서
    하얀 발목 바쁘게 내게 오시네
    밤마다 보는 꿈은 하얀 엄마 꿈
    산등성이 너머로 흔들리는 꿈

내게는 이연실의 <찔레꽃>이 먼저 왔다. 이연실은 <찔레꽃>을 자분자분 눌러 앉혀 단아한 여운으로 툭툭 끊어 부른다. 가사도 곡도 목소리도 감성적이고 시적이다. 그리고 몽환적이다. 그녀의 음색은 가슴을 저미게 하는 처연한 정서가 있다. 노래는 더 처연하다. 이연실의 <찔레꽃>은 눈 감고 들어야 한다. 그러면 젊은 엄마와 어릴 적 고향과 가난한 유년 시절이 한 묶음으로 따라온다. 배고픔과 그리움이 겹친 처연함이다. 그래서 엄마 냄새도 처연하다. 찔레꽃은 『초승달과 밤배』에서도 나온다. 정채봉의 성장소설이다.

> 문득 난나의 가슴에 번져드는 향기가 있었다. 향기는 봄날 저녁때, 수평선에서 묻어오는 안개처럼 소리 없이 모든 것을 숨겨버렸다. 군침도, 뿔도 온데간데가 없다. 그저 손끝발끝까지 빈 데 없이 고르게 번져드는 찔레꽃 향기뿐이었다.

또 나온다. 꼽추 동생 옥이가 오빠 난나에게 찔레꽃 도시락을 전해주는 대목이다.

"왜 왔어?"
"도시락…."
"도시락 누가 갖다 달랬어?"

"배고플까 봐."

난나는 도시락을 풀었다. 뚜껑을 열어본 난나는 손등을 입에 물었다. 거기에 하얀 찔레꽃이 가득 담겨 있었던 것이다. 배고플 오빠를 생각하여, 비탈을 오르내리며 찔레꽃잎을 따 담아 온 옥이. 찔레가시에 손톱 밑은 얼마나 찔렸을까.

난나는 처음으로 옥이의 등에는, 정말 옥이가 믿는 대로 날개가 들어있을는지도 모른다고 생각했다.

(정채봉, 『초승달과 밤배』에서)

아마도 하얀 천사 날개라고 생각했을 것이다. 나는 이 대목을 읽으면서 자꾸 목이 메었다. 옥이의 마음이 너무 아름다워서였다. 슬퍼서 아름답고 아름다워서 눈물이 나는 이 대목을 나는 읽고 또 읽었다.

내 어린 시절도 춘궁기의 배고픔은 길었다. 배고픔이 길어지는 오월 보릿고개에 찔레 순을 꺾었다. 장광 앞으로 달려가 고추장에 찔레 순을 찍어 먹으며 허기를 달랬다. 엄마 엄마 부르지는 않았다. 찔레 순은 배고픔을 채워주기도 했지만 그 시절의 놀이이기도 했다. 나는 유년 시절의 풍경을 살려 "장독대 아래선 꽃뱀이 뱀딸기와 살았다/장독대 위에선 아이들이 찔레 순과 살았다"고 시 한 편을 썼다. 제목이 「새빨간 중심부엔」이다. 또 있다. 「다만 찔레순」이란 시다. "가시덤불/틈새로 새로 발견한/붉고 오도통한 찔레순//내가 먼저 봤으니 찔레순은 내 차지//신이 나 가시덤불 속으로/손 밀어 넣다가//엄마얏!/독사 침 보글보글//나보다 먼저 발견한 뱀이/허연 침 잔뜩 발라놓았다". 두 편 다 시집 『하염없이 낮잠』에 들어 있다.

　　찔레꽃 (장사익 노래)

　　하얀 꽃 찔레꽃
　　순박한 꽃 찔레꽃
　　별처럼 슬픈 찔레꽃
　　달처럼 서러운 찔레꽃
　　찔레꽃 향기는 너무 슬퍼요
　　그래서 울었지 목놓아 울었지
　　찔레꽃 향기는 너무 슬퍼요
　　그래서 울었지 밤새워 울었지

　　하얀 꽃 찔레꽃
　　순박한 꽃 찔레꽃
　　별처럼 슬픈 찔레꽃

달처럼 서러운 찔레꽃

찔레꽃 향기는 너무 슬퍼요

그래서 울었지 목놓아 울었지

찔레꽃 향기는 너무 슬퍼요

그래서 울었지 밤새워 울었지

찔레꽃 향기는 너무 슬퍼요 (아 찔레꽃처럼 울었지)

그래서 울었지 (찔레꽃처럼 노래했지)

밤새워 울었지 (찔레꽃처럼 춤췄지)

찔레꽃 향기는 (찔레꽃처럼 사랑했지)

너무 슬퍼요 (찔레꽃처럼 살았지)

그래서 울었지 (찔레꽃처럼 울었지)

밤새워 울었지 (당신은 찔레꽃)

찔레꽃처럼 울었지

    장사익은 노랫말에서 찔레꽃 향기는 슬프다고 썼다. 절절한 그의 노래는 서럽다. 노래 부르는 그의 입매도 눈매도 서러움에 젖어 있다. 어린아이같이 순박하고 맑은 눈빛이라 더 서럽게 느껴진다. 그의 노래를 듣고 있으면 내 마음에도 서러움의 파문이 번진다. 그는 온몸을 다해 노래를 부른다. 노랫말 하나하나에 진심과 정성을 담아 부르는 그의 노래엔 쉽게 범접할 수 없는 꿋꿋한 자세가 있다. 고르게 빗어 넘긴 은발에 쉽게 볼 수 없는 흰 두루마기 여밈도 쉽게 범접하지 못하게 하는 기운이 서려 있다.

장사익이 부르는 <찔레꽃>이 나오게 된 배경에도 사연이 있다. 굴곡진 생활을 전전하다가 우연히 찔레꽃과 마주했고 찔레꽃 향기에 자신의 처지가 서러워 울다가 만든 노래가 이 <찔레꽃>이다. 그래서인지 들어가는 첫 가사가 "찔레꽃 향기는 슬퍼요"이다. 곧바로 뒤에는, "그래서 나는 울었지 목 놓아 울었지"이다. 이 <찔레꽃>은 장사익의 대표곡이 되었으며 대중 전문 소리꾼으로 우뚝 서게 만들었다. 굴곡진 삶이 절절하게 묻어있는 장사익의 <찔레꽃>을 듣고 있으면 굴곡졌던 젊은 엄마 모습이 떠오른다. 그래서 엄마의 찔레꽃 냄새도 굴곡지다.

찔레꽃 (박난아 노래)

찔레꽃 붉게 피는 남쪽나라 내 고향
언덕 위에 초가삼간 그립습니다
자주 고름 입에 물고 눈물에 젖어
이별가를 불러주던 못 잊을 사람아

달뜨는 저녁이면 노래하던 세 동무
천리객창 북두성이 서럽습니다
삼 년 전에 마주앉아 백인 사진
하염없이 바라보던 즐거운 시절아

연분홍 봄바람이 돌아드는 북간도
아름다운 찔레꽃이 피었습니다
꾀꼬리는 중천에 떠 슬피 울고
호랑나비 춤춘다 그리운 고향아

 박난아의 <찔레꽃>은 구성지다. 그래서 우리 엄마 냄새도 구성지다. 박난아가 부르는 <찔레꽃>은 내게 태어나기도 전의 노래다. 1942년에 나왔으니, 해방 전이고 아마도 내 엄마가 처녀 적에 불렀을 노래였을 것이다. 그래도 나는 찔레꽃 노래 중에 박난아의 <찔레꽃>을 가장 애창한다. 그저 무렴히 부르기도 하고 가사 하나하나를 음미하면서 부르기도 한다. 내 정서에 잘 맞아 좋아진 노래여서 일 것이다. 언제에 작가들 모임에서 한 선배 시인이 내게 <찔레꽃>을 청한 적이 있다. 나는 주저 없이 박난아의 <찔레꽃>을 불렀다. 그랬더니, 아니 이연실의 <찔레꽃> 해서 연달아 두 '찔레꽃'을 불렀다. 선배는 '자주고름 입에 물고'의 가사에서 기생들이 모티브였다던가, 기생들이 많이 불렀다든가 하는 주를 달아주기도 했는데, 거기까진 나는 모르는 것이고 아무튼 '찔레꽃' 중에 내가 가장 애창하는 노래가 박난아의 <찔레꽃>이다.

일반적으로 찔레꽃은 흰색이다. 대부분 사람들도 찔레꽃은 하얀 꽃으로 알고 있다. 그런데 박난아의 노래에선 하얀 찔레꽃이 아닌 붉은 찔레꽃으로 나온다. 따지기 좋아하는 어느 식자가 찔레꽃 색깔을 지적했으나 실제로 남도 쪽엔 붉게 피는 찔레꽃이 있다. 한 카페의 회원이 남도에 붉게 핀 찔레꽃을 올려 확인시켜 주었다. 찔레꽃 가사에도 분명 나온다. 남쪽 나라 내 고향이라고. 그러니 노랫말이 잘못 표현된 게 아니었다.

찔레꽃은 다른 이름으로 들장미라고도 불린다. 들에 흔히 피어 있는 장미를 닮은 꽃이기 때문일 것이다. 중학교 음악시간에 배운 들장미 노래가 있다. '한 아이가 보았네 들에 핀 장미화 갓 피어난 어여쁜 그 향기에 반해서 정신없이 보네 장미화야 장미화 들에 핀 장미화'. 베르너 곡의 이 들장미가 바로 찔레꽃이다. 이렇듯 찔레꽃은 들에 길가에 볕이 잘 드는 어느 곳에서나 흔히 볼 수 있는 꽃이다. 꽃말은 온화, 신중한 사랑, 가족에 대한 그리움, 고독 등 다양한 의미를 담고 있다. 가시가 있어 만질 때마다 찔린다는 데서 찔레라는 이름을 얻었다는 유래도 있고, '찔레'라는 이름을 가진 한 소녀가 원나라에 끌려가 고향과 가족을 그리워하다 죽은 자리에 피어난 꽃이라 하여 찔레로 지어졌다는 슬픈 전설도 있다. 찔레꽃은 소박한 우리 민족의 정서와 닮아 커다란 공감대를 형성한다. 고향의 냄새이고 엄마의 향기이고 유년의 그리움이다.

  오월 초록 속에서 찔레꽃이 하얗게 피었다. 젊은 엄마가 찔레꽃 가득 핀 어둑한 들길을 바쁘게 걸어오고 있다.

5부
아리가 우리 집에 왔다

아리가 우리 집에 왔다

아리가 우리 집에 왔다. 자판기 위를 뽈뽈뽈 걸어다니며-'""""9"'"88888888888888888 888888₩[p;;;;;;;;;;;;;;;;;;00000000000g□□□□□□□□□□□□□□□□□□□□□□□□□□□□□□□4355555555입주인사를]]]]]]]]]]]]]]]]]]]]]]][p이렇게 확실히 해주는 중이다.'//

"아 아파!"

다리 타고 가슴 타고 올라와 콧구멍을 핥아대더니 앙— 물어버리는 바람에 깜짝 놀랐다. 녀석이 자꾸만 글쓰기를 방해해서 바닥에 내려놓으면 금세 다리를 타고 올라와 먼저 자판을 두드린다. 이제 그만, 엄마 글 쓰자! 억지로 왼쪽 팔에 뉘어주니 금방 꾹꾹이를 해가며 소매 깃을 정신없이 빨아댄다. 나는 좀 당황해서 "아리야, 진짜 엄마 보고 싶어?" 묻는다. 엄마 젖이 그리운가 본데 데려온 자리에 다시 놓을까? 그러면 어미 고양이가 와서 데려가겠지? 아니, 어차피 더 크면 독립하는데 고달픈 길 생활보다 안정적인 실내 생활이 낫지 않을까? 마음 약해진 나는 후회와 갈등을 반복한다.

아리는 어젯밤 주룩주룩 내리는 빗속에서 혼자 울고 있었다. 잠자리에 누웠다가 빽빽 새끼 고양이 울음소리에 옷을 입고 우산을 쓰고 나가 봤지만 찾지 못했다. 잘못 들은 건가, 다시 옷 벗고 자리에 누웠는데 또 애타는 울음소리가 들려왔다. 벗은 옷을 다시 챙겨 입고 이번엔 울음소리가 들릴 때까지 기다리기로 했다. 곧바로 쓰레기장 바로 앞 주차된 자동차 밑에서 울음소리가 났다. 고개 숙여 들여다보니 하얀 털의 새끼 고양이가 동그란 눈으로 쳐다본다. 야옹아— 부르는데 도망가지 않고 다가온다. 얼른 집으로 달려가 사료 한 움큼을 접시에 담아 내미니 아앙아앙 맛있게 먹는다. 나는 사료를 다 먹을 때까지 우산을 쓴 채 쭈그려 앉아 지나는 자동차 불빛을 막아준다. 그리고 손을 내밀어 품에 안고 집 안으로 들어온다. 그러느라 우산은 비 젖은 길바닥에 놔두고 돌아왔다.

녀석, 처음 이렇게 만났는데도 조금의 저항도 없다. 온몸은 꼬질꼬질. 하얀 털색이 잿빛에 가깝다. 딸아이와 함께 보일러 온도를 높이고 목욕부터 시키느라 한밤중에 부산을 떨었다. 놀라지 않게 앞발을 꼭 그러쥐고 천천히 따뜻한 물에 담근다. 목욕이 처음일 텐데도 온몸을 고스란히 내맡기는 신통방통함을 보여준다. 그 쪼그만 몸에서 나온 새까만 목욕물. 두 번째 비누 풀어 씻겨 나온 목욕물도 새까맣다. 세 번째 물에 말갛게 헹굼시켰더니 그제야 반짝반짝 드러나는 새하얀 털. 꼭 새끼 고양이 인형 같다.

한기가 오는지 바들바들 몸을 떠는 새끼 고양이를, 예전에 우리 은별에게 하듯이 속옷 품에 꼭 안아 내 체온으로 녹여준다. 딸아인 오물 잔뜩 묻어있는 귓속을 면봉으로 닦아주는데, 면봉은 몇 개째 시커멓고, 새끼 고양이는 품 안에서 골골골. 사람 손을 많이 타 본 고양이처럼 골골골. 행복한 골골송을 들으며 나와 딸은 무한 감동이다. 이름을 뭐로 지을까.

"몸에 비례해 얼굴이 작으니 못난이로 할까?"

"말도 안 돼!"

"그럼 귀여운 병아리로 할까?"

"고양이한테 병아리가 뭐야?"

"그럼 병을 빼고 아리로 하자!"

새끼 고양이는 '아리'가 되었다. 아리는 살짝 앙탈스런 면도 없지 않지만 사람과의 친밀관계는 정말로 뛰어나서 손만 갖다 대면 고롱고롱, 이러다가 숨넘어가면 어쩌나 그만 말리고 싶을 정도다. 호기심도 대단해 벌써 온 방안을 발발발 탐색하고 다닌다. 나와 딸아

5부 아리가 우리 집에 왔다

이는 서로 경쟁하듯 휴대폰에 아리 모습을 사진 영상에 담는다. 자정이 다 되어 학교에서 돌아온 아들도 아리를 들여다보느라 씻을 생각도 못 한다. 가족의 대환영을 받은 아리는 내 가슴 위에서 새근새근 잠이 들었다. 사람 집에 온 첫날인데도 칭얼거림 한번 없이 평온하다.

아침에 일어난 아리가 이불 위에서 응가 자세를 한다. 얼른 종이를 대주어 이불 세탁 노동은 면했다. 쏙 빼놓은 맛동산 두 개를 휴대폰에 담아 첫날 기념으로 남겨두었다.

아리 때문에 아침 시간이 후딱 지나간다. 사료 먹고…, 분홍 혀 내밀어 물 마시고…. 우리는 거실 바닥에 엎드려 아리의 먹는 모습을 들여다보고…. 아침 식사하는 동안 아리는 쉬야를 하고…. 물휴지를 가지러 간 사이 두 발로 쉬야 전부를 흩뜨려 놓고…. 아리 행동 하나하나에 가족 시선이 전부 그곳으로 집중된다. 흰토끼처럼 깡총깡총 뛰어다니며 앙앙 물어대고…, 바닥에 놓여있던 물건들은 전부 위로 올려지고…. 아기 하나를 보살피는 일이 또 시작된 것이다.

배가 불룩하고 발랄한 걸 보면 어미를 잃은 것 같지는 않다. 먹이 구하러 간 어미 찾아 나왔다가 잠시 놓쳤거나 잠시 헤어진 게 아닌가 생각도 드는데, 온몸은 하얀 털, 네 발도 하얀 털, 엉덩이 끝부분만 부드러운 갈색, 얼굴 반은 갈색 섞인, 위로는 까망, 귀는 흰

색 섞인 갈색, 꼬리는 잿빛과 흰색 섞인 얼룩무늬. 사료도 제법 잘 씹어 먹는 걸 보니 2개월쯤 된 것 같다.

대학 선배가 맡기로 했다.

"언니, 내가 잘 기를 수 있을까?"

고양이가 처음인 선배는 걱정하고…,

"그럼 잘 기를 수 있어. 아주 예쁠 거야."

고양이가 다년인 나는 확신을 주고….

아기 냥이 연두(원두)가 가족으로 왔다

코 옆에 섹시한 점 하나 찍고 온 연두.

우리 집에 똥꼬발랄한 아깽이 냥이 하나가 새 가족으로 왔다. 딸의 대학 선배이며 직장 상사인 처자에게서 입양한 아깽이 사연은 이랬다.

손바닥만 한 아깽이 하나가 밤새도록 골목에서 울고 있더란다. 애처로운 마음에 처자가 얼른 안아 집안으로 들였단다. 처자 어머니가 소리쳤단다. "데려온 자리에 도로 내놓지 않으려면 집에 있는 고양이들까지 다 데리고 당장 집에서 나갓!" 이 처자도 실내에서 살고 있는 성묘가 다섯 마리가 된단다. 사료를 챙겨서 회사 근처의 길고양이한테도 먹이를 챙겨주는 캣맘인 이 처자는 아깽이를 다시 험한 길거리로 내몰 수는 없으니 딸을 통해 내게 입양을 타진했던 것이다.

그러나 우리도 실내 성묘가 여섯, 마당에 둘, 거기다 정기적으로 들리는 길고양이들까지 숫자로 말하자면 우리 집이야말로 고양이 포화상태다. 더구나 남편은 퇴직해서 정기적 수입이 없어 덥석 들일만한 형편이 못 된다. 만약 여아라면 비싼 중성화 수술비까지 생각을 안 할 수가 없다. 남편은 한 치의 망설임도 없이 단호하게 "안 돼!"였다. 그날로 데려오겠다는 것을 하루 더 생각해보자고 일단 유보시켰다. 얼마간 임시 보호는 해줄 수 있으니 고양이카페 등에 입양을 알아보라고 권했다.

도서관에서 책을 읽는데 손끝을 통해 배꼽 아래가 자꾸만 간질거려 왔다. 대체 어떤 꼬물이일까. 겨우 손바닥만 한 꼬물이라는데 얼마나 깜찍할까. 눈 딱 감고 내가 키울까. 냉장고에 분유도 있으니 그걸 먹이면 되겠지. 냥이 하나 더 는다고 살림 거덜 나는 것도 아닌데. 자꾸만 설렘과 궁금증 폭발.

선배가 찍어왔다는 아깽이 사진을 퇴근한 딸이 보여주었다. 아깽이 하나가 구석진 곳에서 겁먹고 불안한 눈으로 쳐다보고 있다. 측은해라! 결국 모성애 발동. "뭐, 중성화 수술비라도 대준다면야…" 농담 반 진담 반 속물의 뜻을 내비쳤더니 이튿날 출근한 딸이 당장 오케이 사인을 보냈다. 그런데 또 아깽이와 가족이 되려는 것인지 그 다음 날 갑자기 남편 새 직장이 구해졌다.

딸 퇴근 시간에 맞춰 남편과 같이 아기냥이 마중을 나갔다. 버스 정류장에 앉아 기다리면서 이름은 뭘로 지을까, 이것저것 다 떠올려 봤다. 유월에 왔으니 '연두'로 짓자 하다가, 사내 녀석이란 생각이 퍼뜩 나서 다시 '원두'로 하자고 합의 봤다.

분홍 이동장에 안겨 아기가 왔다. 버스로 오는 동안 한 번도 칭얼대거나 보채질 않더라고 딸은 흐뭇한 얼굴이다. 당장 얼굴 확인해보고 싶어 또다시 배꼽 아래가 간질간질. 이동장을 받아 지퍼 문을 열고 살짝 들여다보다가 아기가 불안해하면 안 되니 얼른 지퍼를 닫았다. 손바닥만 한 아기라 해서 아주 꼬물인 줄 알았더니 한 달 정도는 돼 보였다. 아기 고양이가 온 축하 기념으로 우리는 골목 음식점 '불타는 꼼장어'에서 매콤한 곰장어 구이를 안주 삼아 소주잔을 기울였다. 중간중간 곁에 놓인 이동장 문을 열고 들여다보고 또 들여다보았다. 아기 고양인 분홍색 이동장에서 아무 동요 없이 새근새근, 우리와 한 가족이 되었음을 평온한 단잠으로 증명해 보였다.

아기 고양이인 낯선 집안에서 첫 대면인데도 불구하고 구석으로 숨어들지도 않고 하악질도 않고 내 품에 안겨 평온한 하룻밤을 보냈다. 우리 집 고양이들만 아깽이 하나를 두고 온갖 반응이 나온다. 우웅— 소리치며 뭉치는 피해 버리고, 백작인 마주칠 때마다 하악—을 날린다. 힘찬과 해왕도 아기에게 친절하지 않다. 금왕인 별 상관 없다는 눈치. 비슷한 문양의 털옷 입은 레오만 발장난을 걸며 함께 놀아준다.

딸은 막무가내로 연두 이름이 좋다고. 해서 각자 좋을 대로 연두와 원두로 부르기로 했다. 연두(원두)는 원래부터 제집이었던 듯 온 집안 여기저기를 콩콩콩 뛰어다닌다. 구석으로 숨어들었다간 금방 나와선 깨드득 사료를 깨물어먹고 옆 그릇 물도 찹찹 마신다. 예전에 데리고 들어온 아기 길냥이 '아리'와 똑같다. 내 발등을 고 작은 발톱으로 움켜쥐고 앙앙 물어댄다. 다리를 타고 올라와 컴퓨터 글 쓰는 작업을 방해한다.

내 입에선 '아, 이쁘다. 이뻐 정말 미치겠다.'란 말이 툭툭 튀어나오고.

딸애와 나는 연두(원두)를 서로 안겠다고 무람없는 실랑이를 벌이고 또 벌이고.

영양가 없는 고양이 완소

예전엔 없었던 일이 밤에 일어났다. 아아웅 아아웅. 내 방문 앞에 와서 고양이가 자꾸 울어댔던 것. 무슨 일일까. 누가 어디 아픈가? 전엔 좀체 없던 일이어서 나는 그때마다 일어나 졸린 눈으로 방문을 열고 나갔다. 나갈 때마다 금왕이 방문 앞에 있다. 우리 금왕이 왜 그래? 나는 금왕일 안아 쓰다듬어 주고 내려놓고 들어왔다. 그러면 또 아웅아웅 잠을 깨운다. 나중엔 짜증이 올라와서 좀 조용히 해! 하고 꽥 소리를 질러버렸다. 아침에서야 이유를 알았다. 이틀 동안 집 나가 있는 완소 때문이란 걸!

여덟 해를 같이 살던 우리 번개씩가 하루아침에 사라지고 그 자리를 꿰찬 길고양이 삼순에게 따뜻한 물을 주기 위해 계단을 내려갔다. 삼순에게 말 거는 내 목소리를 듣고 어젯밤도 한뎃잠을 잔 완소 녀석이 어디선가 애처롭게 애옹거리기 시작했다. 나 여기 있다고 알리고 있는 것이다. 그 소리를 금왕이 들었다. 완소의 울음소리를 들은 금왕이 닫힌 현관 앞으로 달려 나온다. 따뜻한 물을 대접에 들고 현관문을 여는 사이 (현관문 앞에서 대기하던 삼순이의 하악질을 받았지만) 금왕인 아랑곳없이 총알처럼 내달아 완소한테로 간다. 완소 울음소리가 뚝 그친 걸 보니 둘이서 기쁨의 상봉이 있었을 테다. 생각해보니 금왕이 이것이, 가장 만만한 놀이 상대였던 완소가 집안에 없는 이틀 밤을 그리 애타게 찾았던 것이다. 금왕이 나갔으니, 같이 묶어 들어올까 싶어, 금왕아 들어와 아무리 불러도 대답 없다. 맞은편 집 어둑한 구석에 두 녀석이 몸 기대 웅크려 있을 것이다. 혼자가 아니니 서로 의지하고 있겠지.

이제 완소 녀석에 대해선 포기하기로 했다. 일단 현관문 밖으로 뛰어나가면 약만 올리고 들어오지를 않는 것이 벌써 몇 번째다. 지난번엔 끓인 칼국수를 먹다 말고 밖에서 애 터지게 부르는 소리에 숟가락을 그대로든 채 녀석을 찾아 헤매고 다녔었다. 목소리는 들리는데, 도대체 모습은 보이지 않으니 덫이나 어디에 갇혀 못 나오는 줄 알고 나도 애가 탔던 것이다. 어휴! 앞집 옥상 위에서 녀석이 모습을 드러냈다. 나는 또 옥상을 내려오지 못해 그러나 보다 하고 새로 이사 와 왕래도 없는 그 집 계단을 올라가 이리 내려오라고 마구 소리쳤다. 애절하게 울고만 있기에, 빙 돌아서 가보니, 이 완소 녀석 '나 잡아봐라!'도 아니고, 눈썹지붕에서 훌쩍 뛰어내리는데, 그 허탈감과 배신감이라니! 그러고도 대문에 들어왔다가도 현관문을 열어주면 또 들어오지 않고 약만 올린다. 내려가면 계단 아래로 도망쳐 가고 대문까지 가면 주차된 자동차 밑으로 들어가 버린다. 이러기를 계속 반복하는 상태. 너 한번 밖에서 길고양이로 살아 봐라! 실컷 고생해 봐라!

아무리 말 못하는 금수라지만 완소 녀석은 참으로 얄미운 녀석이다. 지난 유월에 손바닥만 한 길고양이 새끼로 들어와 다 키워줬는데도 여전히 나만 보면 슬금슬금 도망칠 궁리만 한다. 안아주고 쓰다듬어도 소용없다. 현관문 열리는 것을 항상 신경을 쓰는데도 쓰레기 버리러 가는 잠깐의 허술한 틈을 타 총알처럼 밖으로 내달린다. 다른 녀석들도 현관문을 탈출할 때가 있는데, 콧바람 좀 쐬고 나면 금방 바람처럼 달려 들어온다. 내가 깜빡! 하고 있으면 현관문 앞에 와서 문 열어달라고 현관문을 두드리기도 한다. 그런데, 이 완소 녀석은 들어올 듯 말 듯 끝까지 약을 올린다. 들어오기 싫으면 애처롭게 부르지나 말든지! 캔 습식을 가지고 내려가 유인책을 써서 데려오기도 하고, 늦게 귀가하는 아들 손에 잡혀 들어오기도 한다.

하루 이틀 밖에서 잔다고 얼어 죽을 리야 없겠지만, 감기 걸릴게 그게 제일 걱정인 거다. 저만 감기 걸리면 괜찮게? 범백(범백혈구 감소증) 걸려 와서는 나머지 아이들까지 퍼뜨리니까 그게 문제지. 지난번에도 밖에서 자다가 범백 걸려 남편 한 달 월급 삼분의 일이나 해 먹었다. 병원에 입원시키고 몇 날을 주사 맞히려 다니고 안방에 모셔놓고 병간호해 줬다. 이 녀석 그걸 모른다. 이제 완소 녀석 하나 때문에 애면글면하지 않기로 했다.

어제 낮엔, 우리 마당으로 사료 먹으러 오는 까망털 외투를 입은 덩치 큰 길고양이에게 완소 녀석이 한방 물렸다는 남편의 말을 들었다. 어찌나 고소하던지. 고것 참, 쌤통이다! 하면서 나는 으하하 웃음보를 터트렸다. 완소야, 봄날도 돼 가니 네 좋을 대로 하거라. 바깥이 좋으면 바깥에서 살아야지 별수 있겠니. 사료와 물은 마당에 항상 놓여있으니 배곯는 걱정은 없을 거다. 탯줄 끊고 분유 먹여 키운 진짜배기 내 고양이들, 레오, 뭉치, 백작, 해왕, 힘찬, 금왕, 이렇게만 있으니 내 마음이 완전 홀가분하더라. 그래, 나는 못된 계모 맞다.

에궁, 그래도 말만 이렇지. 조금 있다가는 또 현관문 열고 나가서 완소야 금왕아 날씨 추워. 감기 걸리면 안 되니까 빨리 들어와! 애 터지게 불러대고 있을 거다.

길남아 왜 그래?

그건 나도 모르겠다, 대체 무슨 연유에서 인지.
 시작(詩作)을 고르고 있는데 캬아옹— 고양이의 앙칼진 비명이 터진다. 마당이다. 겉옷을 꿰차고 뛰어나가 방범창을 열고 내려다보니 길남이와 별님이 대치중이다. 이번엔 사료통 앞이다. 한 수 아래인 별님은 바닥에 납작 엎드려 독사눈을 뜨고 있고, 한 뼘은 더 큰 길남인 사슴 눈망울로 지켜보고 있다. 대문을 통해 날쌔게 달아나 자동차 밑으로 숨어드는 콩님이와 바람이도 보인다. 수컷들의 싸움에 힘 약한 암컷들만 겁먹는다.
 저것들이 어디까지 가나 보자! 하고 기척을 내지 않고 깨금발로 지켜본다. 우웅— 내지르는 소리는 별님이다. 길남인 그저 바라만 보고 있다. 카아앙— 별님이 송곳니를 쩍 내보이더니 길남에게 맹

수처럼 달려든다. 가만히 있는 길남에게 별님이 먼저 달려드는 것을 처음 본다. 덩치 큰 길남이 단번에 받아친다. 두 놈에게서 뽑혀져 나온 털이 훅훅 날린다. 기세로 봐서는 불꽃 튀는 맞불로 한 번 더 엉겨 붙을 것으로 보이는데 이내 떨어져 앉는다. 그리고 또 다시 대치로 간다.

이번엔 현관문을 조심스럽게 열고 나가 맨 위 계단에서 내려다본다. 아직 두 녀석들은 내가 지켜보고 있다는 것을 눈치채지 못한다. 어떻게 맞붙는지 끝까지 지켜보자며 숨죽여 본다. 그런데 오늘은 이것으로 싱겁게 승부를 낼 심산인가 보다. 앞발 벌리고 긴장한 채 엎드려 있던 별님이 천천히 몸을 일으킨다. 길남이 다가와 뒤통수칠지도 모르겠다는 꼼수가 들었는지 별님이 행동은 최대한 조심스럽다. 느릿느릿 움직임이 슬로 모션이다. 별님이 마당 구석 집으로 스며들 때까지 길남인 움직임 한번 없이 한 자세로 별님일 바라보고 있다. 어느새 별님인 대문을 빠져나가 콩님이와 바람이와 한 가족 구성원의 집합체가 된다. 그제야 길남이 몸을 움직인다. 사료 앞으로 입을 대려다가 내 눈과 마주치자 움찔해서 대문 밖으로 나간다. 가여운 길남이.

얼른 사료통을 들고 나가 길남일 부른다. 냐아옹 대답하며 길남이 달려온다. 사료를 대문 밖에 놓아준다. 배가 고팠던지 딱딱한 사료를 씹지도 않고 삼킨다. 곁에 지키고 앉아 사료 먹는 길남이 머리와 등을 쓸어준다. 마당 그릇에 항상 사료가 담겨 있는데 길남이 배고픈 이유를 모르겠다고 나는 고개를 젓는다. 제집처럼 드나들면서도, 저만 이방 묘(猫)란 걸 감지한 길남이 사료통에 조심하는 건지도 모르겠다. 대문 앞에 따로 놓아주면 늘 허겁지겁인 걸 보면. 이번엔 견딜 수 없는 배고픔에 사료통 앞으로 왔다가 별님한테 딱 걸렸을 테지.

덩치만 컸지 길남인 너무 순해서 탈이다. 세상에 이렇게 순한 고양이는 처음이다. 그것도 길고양이며 엉덩이 아래 튼실한 솔방울 두 개를 달고 다니는 녀석이 그렇다. 별님이나 천둥이와 대치중일 때도 먼저 위협하는 것을 보지 못했다. 별님이와 천둥이가 지레 겁먹고 소리 질러대면 질러댔지. 길남인 친해지고 싶어 다가서는 느낌인데 별님과 천둥이 받아주질 않는 것 같다. 그러니 길남아? 길남이 속마음을 들을 수 없으니 잘은 모르겠다.

새벽마다 한 번씩 골목의 새벽잠을 다 흔들어 깨우니 동네 사람들이 들고 일어날까 봐 나는 노심초사지만 이놈들은 그걸 모른다. 저를 싫어하는 걸 알면 잠시 피해주면 될 텐데도 끝까지 지켜보는 길남이도 그렇고, 벌써 수개월째 얼굴 보며 같은 사료를 나눠 먹는데도 마음을 내주지 않는 별님이와 천둥이도 그렇다. 먹이 걱정 없이 사는 이것들은 어째 공존을 모를까. 번개씨와 콩님이 바람이 보리는 길남이를 진즉에 가족으로 받아들였는데 말이지. 저 순둥이 길남이를 막을 수도 없고, 길냥이 하나 때문에 우리 마당 고양이들을 내쫓을 수도 없고, 중간에서 나만 대략난감이다. 확실한 것은 순둥이 길고양이 하나가 나타나면서 우리 집 마당 고양이 가족들의 평화와 고요는 깨지고 동네 골목이 시끄러워졌다는 것이다.

  이것들아, 이번 장마 그치고 보름달이 뜨거든 전봇대 아래 모여 화해에 대한 대책회의 좀 모색해보고 그래봐라. 이러지도 저러지도 못하는 나를 봐서라도 제발들, 응?

아기 길고양이 조로가 왔다

담아 내놓은 사료를 후딱 비웠다.

"애앵— 애앵—"

"왜? 아직도 배고파? 알았어. 사료 더 줄게."

혼자 먹기엔 많은 양이다 싶어 덜어놓은 사료를 도로 앞에 놔 준다.

"애앵— 애앵—"

"또 왜애? 물 마시고 싶어? 물 갖다줄까?"

한 대접 물을 떠다 사료 그릇 옆에 놔 준다.

"애앵— 애앵—"

"그만 먹을 거야? 그릇 치울까?"

"애앵— 애앵—"

"알았어. 다 먹을 때까지 옆에 있을 테니 안심하고 먹어."

허겁지겁 사료를 씹으며 나를 쳐다보며 어린 고양이 하이톤으로 앵앵거리기를 멈추지 않는다.

'글쎄, 얘가 뭐라는 거야?'

말을 알아먹을 수 없으니 나는 애앵대며 사료 먹는 모습만 지켜보고 있다.

'아이참, 아줌마도…? 날 아줌마 집으로 데려가 달란 말예요. 나도 실내에서 살아보고 싶다고요.'

나는 녀석의 간절한 마음을 비로소 읽었다.

"그러자! 네 소원 하나 못 들어주겠니."

머릴 쓰다듬던 팔을 뻗어 녀석을 번쩍 안아 대문 안으로 들어왔다. 쾌걸 조로처럼 하얀 몸에 까만 외투를 입어 단번에 '조로'란 이름을 붙이면서. 그렇게 조로가 엊저녁에 실내로 들어왔다. 이봐, 길남이가 제 새끼 데리고 와서 사료 먹이고 있어! 언젠가 남편이 소리쳐 나를 불러 확인시켰던 그 고양이다. 냐옹아— 부르면 저만치 달아나던 그 녀석이다.

우리 여섯 마리 실내 냥들과 첫 대면. 어미는 다르지만 레오와 백작도 길남의 디엔에이를 가지고 있으니 조로와는 남매 사이 또는 조카 사이가 되겠다. 하지만, 첫 대면에 꼬리털을 바짝 올려 세우며 서로 하악— 우웅— 기 싸움을 벌인다. 일단 조로를 베란다 창문을 열고 격리시켰다. 여섯 실내 냥들이 한꺼번에 달려들어 탐색하려 드니, 겁먹은 조로 녀석은 베란다 끝 ㄱ자로 꺾어진 부분으로 숨어 들어간다. 바닥이 차가워 응급으로 신문과 수건을 앞쪽에 깔아놓고 아무리 불러도 나오지 않는다. 부를 때마다 친밀스러운 음성으로 냐앙— 냐앙— 대답은 열심히 한다. 나는 도서관을 가야 하고, 할 수 없다. 우리 실내 냥들이 올라가지 못하게 안쪽 창문을 마저 닫고 커튼도 내린다.

내일은 목욕시키고 병원에 데려가 예방주사 맞히고 실내에 풀어놓으면 될 것이다. 한 식구 줄어들었다가 다시 일곱 식구가 되는 것이다. 집 나가 사라진 우리 인동이 대신이다. 조로 이 녀석, 엉덩이를 살펴보니 제법 표시 나는 솔방울 두 개를 달고 있다. 됐다! 여아처럼 돈 많이 나가는 중성화 수술비 걱정 덜게 되었으니 환영이다. 거기에 외모까지 귀족적이니 기꺼이 실내 냥 가족으로 반길 수 있다. 조로 잠자리는 급한 대로 작은 박스로 마련했다가 웅크린 자세가 불편해 보여 마당창고에 내려가 대형사료 포대를 빼내고 큰 박스로 옮겨줬다.

금왕인 조로 박스집 앞에 조금 떨어져 한참을 지켜보고 있다. 뭉치만 또 낯선 고양이에게 예민해져 싱크대 구석으로 들어가 우우— 웅— 우우웅— 히스테리를 퍼부었다. 나머지 녀석들도 덩달아 예민해져 저희들끼리도 마주치면 서로 우웅거렸다. 박스집 앞으로 다가가 앞발 잽을 날리기도 했다. 조로는 홈그라운드가 아니니 잔뜩 긴장해 있다가 하악- 하면서 다가오는 고양이에게 냅다 한방 내질렀다. 조로의 강한 펀치에 우리 실내 냥들이 산발적으로 달아났다. 어려도 조로는 수컷이다. 그래도 인동이 들일 때에 비하면 아주 양호한 풍경이다.

오늘 아침 조로는 캔 습식 하나를 단숨에 먹어 치우고 남편이 한 대접 떠다 준 사료도 앙냥냥 먹어댔다. 다 먹은 것 같아 사료 그릇을 치우려 하면 아냥- 하면서 못 치우게 막았다. 물도 고팠는지 떠다 준 물을 한정 없이 마셨다.

아침부터 실내 냥들과 한바탕 우당탕이 벌어졌다. 안 되겠다 싶어 현관문을 열어 놨다. 조로 녀석이 밖으로 뛰쳐나갈까 지켜봤더니, 노우! 녀석은 잽싸게 몸을 되돌려 박스 안으로 쏙 들어가 버렸다. 그렇다면 녀석은 고달픈 길 생활은 그만 접고 안전한 실내에 정착하기로 굳힌 것이다. 하긴, 그러니 어제 처음 인사 나눈 내 품에 얌전히 안겨 실내로 들어왔지. 여섯 마리 실내 냥들에게 펀치를 당하면서도 기죽지 않고 버티고 있지. 그래도 언제 마음 바뀌어 자유로운 길 생활을 원할지도 모른다. 뭐 그땐 그때 일이다. 나는, 길고양이 아비인 '길 길남' 성을 따서 '길 조로'로 이름붙였다. 밖으로 나가지 않고 끝내 실내 냥으로 살겠다면 그땐 내 성을 따서 '김 조로'가 될 것이다. 길 씨가 될 것인지 김 씨가 될 것인지는 조로 의사에 달렸다.

   조로 녀석은 지금 박스 집 안에서 아주 평화롭다. 양 박스 날개까지 쭉 펴 올려줬으니 다른 냥들 방해 없이 안정적인 잠자리가 될 것이다. 더불어 우리 여섯 마리 실내 냥들도 원래의 질서를 찾았다. 이것으로 서로 간 공존을 묵인한 듯하다.

새끼고양이, 까미라 이름 받았다

　선선한 바람이 불어주는 아침이다. 나는 조심조심 현관문을 열고 나와 층계참에 쭈그려 앉아 평화로운 고양이 가족의 아침잠을 들여다본다. 번개씌와 바람인 의자 위에서, 천둥과 새끼 고양이는 곰돌이 분홍소파에서 짝을 지어 꼭 붙어 자고 있다. 고롱고롱 잠든 새끼 고양이의 접힌 꼬리 끝이 아빠 천둥이 앞발 밑으로 슬쩍 나와 있다. 꼬리가 귀엽다. 가만있어봐라, 별님이와 콩님인 어디에 있나. 둘러보니 콩님인 옆집 마당 작은 상자에서 몸을 구겨 자고 있고, 별님인 보이지 않는다. 구름인 일주일째 모습을 드러내지 않고 있다.
　그렇게 조심했는데도 바람이가 민감하게 눈을 뜬다. 구르륵구르륵. 새끼를 앞에 둔 어미의 음성이 비둘기처럼 부드럽다. 아가야 조심하렴, 저 층계 위에 인간이 도사리고 있단다. 다른 두 마리 새끼는 어떻게 된 건지 보이지 않고 한 녀석만 어미를 따라와 밥을 먹는다. 사흘째다. 한번 안아보고 싶어 몸이 근질거린다. 하지만 바람이도 새끼 고양이도 몸 만지기를 허락해주지 않으니 별수 없이 떨어져 지켜볼 수밖에 없다.

　층계참에서 가만히 지켜보다가 아참! 새끼 고양이 이름을 지었지. 까미, 김 까미. 이건 어젯밤 자면서 생각해 놓은 이름이다. 굳이 이유를 붙이자면 꼬리가 반이 접힌, 까만털을 가진 고양이란 뜻이 되겠다. 성별은 아직 모르겠다. 여아 이미지가 있고 한 마리만 있으니 굳이 돌림자 넣지 않아도 되고 부르기 쉬워 별 고민 없이 '까미'로 정했다. 만약 사내 녀석으로 밝혀지면 뭐 '까뮈'로 바꿔줘도 될 것이다. 까미란 이름이 붙여졌으니, 이제 이 새끼 고양이도 우리 집안과 한 가족이다. 나는 이제 에구구, 요 이쁜 내 새끼! 하고 정성껏 까미를 챙겨줄 것이다. 제발 어미인 바람이처럼 까칠하지는 말아야 할 텐데. 그런데 농후하다. 어미가 얼마나 철저히 교육을 시켜놨는지 내가 나타났다 하면 바람처럼 숨어든다.

　바람이의 구륵대는 소리에 번개씩도 눈 뜨고 천둥도 눈을 뜬다. 새끼 고양이도 고 작은 앞발을 벌려 기지개를 켠다. 콩님이까지 어느 틈에 일어나서 옆집 층계를 풀쩍 뛰어넘어 냐아앙 내게로 온다. 마당에 사료가 있는데도 콩님인 야롱야롱 입맛을 다시며 밥을 달라고 조른다. 캔 고등어 비빔밥을 원하는 것이다. 그래그래 알았어.

조금만 기다려. 캔 고등어 비빔밥을 접시에 담아 내오니 그 잠깐 사이에 바람인 새끼 고양이를 피신시켜 놓았다. 그리고 저는 천둥이와 대문 밖에서 보초를 서고 있다. 저 경계심, 저 의심을 누가 말리나. 아기 때의 동그란 눈은 어디가고 경계심을 일삼느라 눈꼬리가 잔뜩 치켜 올라갔다. 정말 못 말리는 까칠녀.

음식을 내려놓고 얼른 계단을 올라온다. 꼭대기 계단에 다시 쭈그려 앉아 살며시 고개를 내밀고 기다린다. 피신했던 새끼 고양이가 볼볼볼 먹이 앞으로 달려온다. 아냥냥냥 아냥냥냥 목 떨림의 소리. 맛있는 먹이 앞에서 만족감을 나타내는 소리. 저 소리는 언제 들어도 기분 좋다. 음식을 내준 사람에게도 고스란히 전이된다. 딱딱한 사료 앞에서는 절대 저런 소리가 나오지 않는다. 치킨이나 삶은 닭고기, 참치 캔처럼 부드럽고 맛이 끌리는 음식 앞에서만 저 소리가 나온다. 그것은 성묘 때는 없는 소리다. 오로지 새끼 때만 내는 소리다. 정말 맛있어요. 정말 행복해요. 하면서 아냥냥냥 흡족히 먹어주는 것이다. 식탐 많은 녀석은 형제 고양이들은 옆에 오지도 못하게 고개 세우고 카릉대기도 한다. 앞발로 먹이 그릇을 누르다가 큰 덩이 하나 물고 얼른 구석으로 숨어들기도 한다. 그것이 살코기가 아닌 뼈일 때는 그만 실소가 터진다. 저런 미련퉁이 욕심쟁이 같으니라구!

"까미야, 많이 먹어!"

까미는 아냥냥냥 먹느라 정신없고 어미인 바람이가 고개 올려 쳐다본다. 까칠한 바람이 입에도 캔 고등어 비빔밥이 잔뜩 물려있다.

보태는 글

새끼 고양이 까미 이름 정정. 사내 녀석이다. 이제 '까뮈'다.

오늘 기어코 발발이 같은 녀석을 붙잡아 목욕을 시켰다. 젖은 눈곱에 양쪽 눈이 붙은 채 자고 있는 녀석을 살금살금 다가가 바짝 안아 올렸다. 곧 발톱 세워 앙칼진 저항. 그러나 또 내가 누군가. 고양이와 함께한 8년차 집사다. 새끼 고양이 목덜미를 잡아 올리면 저항을 멈춘다는 것은 예전에 이미 터득했다. 목덜미를 잡고 엉덩이는 다른 한 손으로 받쳐 안고 딸에게 현관문을 열라고 소리친다.

두 모녀가 새끼 고양이 목욕 돌입. 보일러 목욕 스위치를 누르고 도망치는 녀석을 붙잡아 두 앞발을 꼭 쥐고 따뜻한 물에 넣는다. 얌전해진다. 만져지는 뼈가 앙상하다. 3개월 연령인데 겨우 2개월 연령 같다. 집에 안주시키지 않고 이리저리 밖으로 내몰고 다닌 어미인 바람이 탓일 것이다. 반 접힌 꼬리도 무거워 보인다. 말라붙은 눈곱까지 말갛게 떼어내고 헹굼까지 끝낸다. 수건으로 물기를 말리고 드라이를 켠다. 다행히 녀석은 놀라지 않고 따뜻한 드라이 바람을 받아들인다. 모녀의 합동작전으로 무사히 첫 목욕 마무리. 그리고 엉덩이 확인한 결과 사내 녀석. 오케이. 됐다. 이름 정정. 이제 너는 '까뮈'다. 얼마 동안 집안에서 키우자는 합의가 이루어진다. 얼른 캔 고등어를 접시에 덜고 물을 담아 새끼 고양이에게 내민다. 녀석은 신발장 구석에서 나올 생각이 없다. 들이미는 내 손가락을 앙 물어버린다. 야생 본능이 강하다.

"아리만큼 예쁘지 않아…!"

자꾸 발톱을 세우는 까뮈가 재미없어졌는지 딸은 방으로 들어가 버린다. 나는 까뮈 집을 만들어 주느라 부산을 떤다. 빈 박스를 찾아 수건을 깔아놓고 한사코 저항하는 녀석을 장갑 낀 손으로 끌어내 박스 집에 넣어준다. 그런데 구석에서 꼼짝 않고 긴장하는 녀석이 좀 안됐다는 생각이 든다. 원하지 않는 실내 거주를 강제할 권리가 내겐 없는 거다.

박스를 들고 일어선다. 그래 네 어미와 밖에서 마음껏 자유롭게 살아라. 들고나온 박스를 마당에 내려놓는다. 대기하고 있던 어미 바람이가 얼른 다가와 핥아준다. 그제야 까뮈는 가지고 내려간 캔 고등어밥에 입을 댄다. 어휴! 지 어미 닮아 까칠하기는.

번개씨 이야기

몸을 쭉 뻗고는 이마를 뒤로 젖혀 서가 판자에다 갖다 대더군. 클레오는 평상시와는 다른 신음소리 같은 야릇한 소리를 내면서 뱀처럼 꿈틀대며 한 조각상과 다른 조각상 사이를 오가며 그 두 청동상 주위에 눈에 보이지 않는 원을 그리는 거야.

(로베르 드 라로슈, 『나보다 더 고양이』)

갑자기 '빛의 고양이'의 한 대목이 떠오르는 건 번개씨의 돌연한 행동 때문이었다. 녀석은 난데없이 흠흠 방바닥 냄새를 맡기 시작했다. 그러더니 책상 위로 풀쩍 뛰어올라 한참이나 킁킁거렸다. 책꽂이 구석구석까지 돌아가면서 코를 들이밀고 연신 무엇을 찾아내는 행동을 했다. 딸애의 화장품 향기를 맡는 것은 아닌 듯했다.

뭐가 숨겨져 있기라도 한 것일까. 무슨 냄새를 발견한 것 같은데 보이진 않는 듯, 이리저리 한참을 더 흠흠 냄새를 맡고 다녔다. 그러더니 책상 위에서 바닥으로 폴짝 뛰어내렸다. 여기저기 냄새를 찾다가 다시 의자 위로 뛰어올랐다. 원을 그리듯 허공에 코를 내밀어 연신 킁킁 냄새를 더듬었다. 나는 눈을 떼지 못하고 녀석의 수상한 행동을 지켜보았다. 내 눈엔 녀석이 어느 환영 의식에 몰두해 있는 것처럼 보였다. 자연스럽게 책에서 읽은 신비스러운 한 대목이 더 떠올랐다.

내 눈앞에 있는 건 더 이상 고양이가 아니라 전설 속에 나오는 동물, 무척이나 오랜 과거에서 불쑥 솟아나온 환영으로서, 그 환영이 자신의 수호신에게 바치는 성스러운 춤을 추는 것 같았어. 이보게, 친구, 클레오는 자신도 모르게 내 앞에서 라 신을 보호하는 빛의 고양이가 암흑의 뱀인 아페피(뱀의 신으로서 태양신 라와 우주적 질서에 있어서의 적수 관계임. 어둠, 악, 혼돈의 힘을 나타내는 신)에 맞서 벌이는 싸움을 흉내 내며 부바스티스(이집트 삼각주에 위치한 지방) 사원의 비밀 의식의 한 단면을 보여준 거야! (위, 라로슈의 책)

아무것도 발견하지 못한 번개씩는 바닥으로 도로 내려와서는 아무 일도 없었던 듯이 바닥에 편안히 엎드렸다. 늘 하던 대로 나는 엉덩이를 톡톡 쳐주면서 이리 뒤집 저리 뒤집 행복해하는 번개씩와 한참을 놀아 주었다.

우리 집 마당 냥이와 동네골목 길냥이

"안 돼! 천둥이는! 콩님이하고 바람이만 먹어!"

내 말을 알아들은 걸까. 사뿐히 계단을 올라와 먹이 앞에 입 내미는 것을 말로 제지시켰더니, 천둥인 군말 없이 밥그릇 앞에서 떨어진다.

"너는 내려가 사료 먹어."

그렇다고 내가 편애가 있는 것은 아니다. 다만, 낳은 새끼를 어디다 다 잃어버리고 다니는 안쓰러운 어미들 때문이다. 콩님이 낳은 그 예쁜 네 마리 노랑둥이들은 어떻게 된 건지. 바람이 낳은 까망이 두 마리는 또 어떻게 된 건지. 먹여주고 재워주고 보호해 주는 안전한 집을 놔두고 이리저리 위험한 밖으로 새끼를 내돌리더니 결국 한 마리도 보이지 않는다. 어미 따라 사료 먹으러 오던 까뮈마

저 요 며칠 모습을 나타내지 않는다. 젖은 눈곱을 덕지덕지 달고 겁먹은 채 달아나기 바빴던, 뼈만 앙상했던 까뮈 녀석. 내게 두 번이나 목욕을 당하고 가족의 일원으로 까뮈라 이름까지 받았지만 아무래도 무지개다리를 건너간 듯하다.

아침 일찍 일어나 닭고기를 삶았다. 압력솥에 푹 삶아진 닭고기를 건져 살과 뼈를 발라내면서 고양이들 몫은 따로 덜어 내놓는다. 가슴살과 오돌뼈다. 가슴살을 곱게 잘라 현관 밖으로 나가 콩님일 부른다.

"콩님아, 닭고기 먹자!"

"냐앙—"

사료 먹은 지 얼마 되지 않았는데도 콩님인 얼른 달려와서 맛있게 먹어준다.

"바람아, 너도 올라와 닭고기 먹자!"

바람이도 부른다. 오늘은 웬일로 하악질도 날리지 않고 의자에 누워 채터링 소리를 내더니 계단까지 올라와 고기를 먹어준다. 나는 방해가 될까 맨 위 계단에 쭈그려 앉아 모녀 고양이가 맛있게 아침식사하는 모습을 지켜본다. 잘 먹는 모습을 보니 내 마음도 넉넉해진다. 그러나 여전히 긴장을 풀지 않은 채 뒤를 흘금거리던 바람인 살코기가 바닥나자 냉큼 오돌 뼈 하나를 물고는 내 눈길에서 벗어난다. 그래도 이게 어디야? 경계를 많이 해제시킨 거다. 남은 뼈는 또 길냥이가 와서 깨끗이 먹어치울 것이다.

어제는, 도서관에서 다 저녁때 돌아왔더니 길냥이까지 그늘진 계단 하나씩을 차지하고 누워 있었다. 아래 계단으로부터 길냥이, 중간에 콩님이, 그 위로 번개씩가 차례로 누워 있다가 내가 대문을 들어서자 길냥인 후다닥 달아났다. 요것들이 오늘은 평화협정을 맺은 건가. 내리 사흘간 새벽마다 길냥이와 우리 마당 냥들은 대립을 했다. 날카로운 고양이의 캬앙 소리에 새벽잠이 다 흔들렸다. 행여 우리 마당 냥들이 다칠까 나는 신발도 제대로 꿰지 못하고 뛰쳐나가 현관문을 열어젖히곤 했다. 한 날은 번개씩가 길냥이한테 쫓겨 옆집 계단 기둥구석에 몰려 있었고 어떤 날은 길냥이가 우리 별님에게 쫓기고 있었다.

우리 별님이 참 많이 컸다. 거의 두 해 동안 우리 마당 냥들은 길냥에게 밀렸었다. 이 골목 왕초 고양이인 길냥이 대문에 들어서면 우리 집 여섯 마리 마당 냥들은 앞에 놓인 사료를 얌전히 상납하고 이층 계단으로 피신했다. 계단 기둥 밖으로 하나씩 고개 내밀고 사료를 강탈해 먹는 왕초 길냥이 모습을 대책 없이 지켜보곤 했다. 언뜻 보면 참으로 평화스러운 풍경이었다. 우리 마당 냥들의 표정은 딱 그랬다. 그래 배고플 텐데 많이 먹고 가. 우린 주인 엄마가 또 내 줄 거야.

"이것들아, 여섯 마리 성묘들이 길냥이 한 마리한테 밥그릇을 빼

앗기냐?"

한심해서 나는 츳츳 혀를 차곤 했는데, 지들도 처음엔 한껏 대항해 봤겠지. 하지만 무소불위 힘을 휘두르는 길고양이게 당해낼 재간이 없으니 합리적인 결론을 냈을 것이다. 생존법칙의 순리를 거스르지 않는 것이 현명한 방법이고 평화공존법이라고.

노랑둥이인 별님이 이제 힘을 많이 키웠다. 사료 먹기 위해 대문을 들어서는 길냥이를 저만큼 쫓아버릴 만큼 가족의 가장 노릇을 톡톡히 해내고 있다. 그럴 때마다 고양이 고성이 카랑카랑 골목을 뒤흔든다. 뛰어 나가보면 번개씩는 엉거주춤 별님이 뒤를 잇고, 나머지 가족들은 바짝 긴장한 채 가장에게 응원 보내고 있다. 길냥이를 물리치고 꼬리를 바짝 세워 돌아오는 별님이의 실루엣이 어둠 속에서도 위풍당당하다.

아비인 번개씩와, 누이이자 아내인 콩님이, 아들인 천둥과 구름, 딸인 바람일 보호하기 위해 별님인 용감하게 총대를 메고 있다. 5년차이면서 1세대인 번개씩가 실제적 가장이긴 하지만 중성화 수술 이후로 번개씩는 힘이 유순해졌고, 2년차이면서 3세대인 천둥은 아직 힘을 완전 발휘하지 못한다. 그래서인지 길고양이들과 대적할 때는 3년차이면서 2세대인 별님이가 앞으로 돌진한다.

어쨌거나 무소불위 길냥인 우리 마당 냥들의 사료를 먹으면서 무사히 두 해 겨울을 났다. 혹독한 겨울이 힘들었는지 올겨울 끝 무렵엔 녀석은 많이 축나 있었다. 저러다 스러지는 건 아닌가 측은함을 주더니, 지금은 다시 살이 올라 골목 둘레를 어슬렁대고 있다. 반 접혀 무거워 보이는 꼬리와 하얀 털외투에 등에만 까망무늬 두 개를 넣고 있는 길냥이 녀석. 그래도 우리 마당 냥들과 한 밥상을 하면서 녀석도 많이 느슨해졌다. 우리 마당 냥들의 집을 떠억 차지하고 낮잠을 즐기다 내 인기척에 후다닥 일어나 달아나는 모습을 보면, 미안하기도 하고 귀엽기도 하고 웃음도 나온다. 괜찮아 더 자고 가! 나는 멀어지는 녀석 등에 대고 소리치지만, 녀석은 한번 획 돌아보고는 훌쩍 담장 위로 뛰어오른다. 도망가는 걸음이지만 왕초 길고양이답게 여유가 있다. 마당 냥이가 돼버린 우리 고양이들이나 떠돌이 길냥이 녀석이나 밖에서 생활하는 건 마찬가지다. 그렇게 공존해 가는 거다.

고양이 끌어안은 죄로

고양이 아줌마아 고양이 아줌마아 고양이 아줌마아.

세 번째 부름에, 나를 부르는 건가? 하고 현관문을 열고 내다보니 옆집 젊은 여자가 자기 집에서 나를 부르고 있다. 여기에 새끼 고양이들이 있는 것 같으니 와보세요. 후다닥 뛰어 그 집 이층 계단을 올라갔다. 길다란 책꽂이 두 개를 밖에 나란히 세워 놨는데, 그곳에서 고양이 소리가 난다고 했다. 밤이라서 잘 보이지도 않았고, 유리창에 맞대서 바짝 세워둔 책꽂이 안에 공간이 없어 들여다 볼 수가 없다. 여자가 통유리 커튼을 들추고 책꽂이를 밖으로 당겨본다. 있다. 중간 책꽂이 좁은 한 칸에 까망 고양이 세 녀석이 꼬물거리고 있다. 아, 이쁘다! 내 입에서 무의식중에 튀어나온 말은 이쁘다였다. 언제 벌써 이렇게 커버린 것일까. 잃어버렸던 아기를 되찾은 듯 나는 감격에 겨워 세 녀석을 품에 끌어안는데, 젊은 여자는 두 눈에 쌍심지를 켜든다. 정말 지겹게 왜 우리 집에 와서 새끼를 까고 그래요? 고양이를 키우려면 관리를 잘하셔야죠. 남한테 피해는 주지 말아야 될 거 아녜요? 오줌 싸고 똥 싸고 냄새나서 살 수가 없어요. 캄캄한 밤에 후닥닥 튀어나와서 사람 놀래는 것도 한두 번이 아니라고요. 고양이 새끼 때문에 내가 못 살앗! 나는 뭐라 대꾸할 말을 못 찾고 무안한 얼굴로 그 집 대문을 나왔다. 정석으로 말하자면 바람이가 남의 집에 새끼를 깐 것이 아니라 우리 집 마당에서 출산했다. 동네 아이들이 들여다보며 자꾸 참견을 하니 불안했던지 새끼를 숨겨 놓았던 곳이 옆집이었던 것 같다. 이런 경우가 작년 요맘때쯤에 또 한 번 있었다. 그때는 콩님이 새끼였다. 그러니까 콩님이 새끼였던 바람이가 성묘가 돼서 새끼를 낳아 저도 어미와 똑같은 절차를 시행한 것이다.

내가 세 마리 새끼를 안고 우리 마당으로 돌아올 때까지 젊은 여자는 딱 버티고 서서 히스테리를 퍼부었다. 내 뒤통수가 후끈 불끈거렸지만 어쩌겠는가. 이놈의 고양이들이 말귀라도 알아먹으면 붙잡아 타일러보고 야단쳐 보겠지만 소통하는 방식이 서로 다른 걸. 집 마당창고에 고양이 전용 모래 화장실도 만들어 놓고, 이웃에 냄새 피해주지 않으려고 락스 청소도 열심히 하는데, 그런데도 한 녀석이 이따금씩 밉상 짓을 벌이니 어쩔 방도가 없었다. 찾아온 길고양이 내쫓지 못해 사료주고 마당 내준 죄로 그냥 감내할 수밖에. 아까도 미안한 마음에 계단에 놓인 화분 똥을 치우며 딱딱해진 흙까지 다 매주고 왔다. 짜증나는 여자 마음을 모르는 건 아니면서도 한편으론 말 못하는 짐승을 이해 못 해주는 젊은 여자가 좀 야박해 보이긴 했다. 이웃끼리 조금만 배려해 주면 될 것을 꼭 그렇게 날 세우며 따져야 할까. 이것들도 살기 위해 태어난 생명이거늘. 더불어 공존해서 살아가는 세상이거늘.

그나저나 브라보! 두 마리로 알고 있었던 녀석들이 세 마리. 한 마리는 덤인 것처럼 기분 좋다. 새끼들이 나쁜 짓을 당했을까 노심초사였는데 이렇게 무럭무럭 자라 튼실하게 돌아왔으니, 젊은 여자가 뒤통수에 악다구니를 퍼부은 것조차 고맙게 느껴졌다. 돌아와 준 새끼들도, 새끼 잘 지켜낸 어미 바람이도 기특하고 대견했다. ㅊㅍㄹㄹㄹㄹㄹㄹㄹㄹㄹㄹㄹㄹㄹㄹㄹㄹㄹㄹㄹㄹㄹㄹㄹㄹ(이건 지금 막 새끼 고양이 한 마리가 올라와 찍은 활자) 발발거리며 움직이는 아기 녀석들을 흐뭇하게 바라보는데, 어? 한 녀석은 멀쩡한데 두 녀석 꼬리가 두 겹으로 접혀 있다. 이렇게 기형적 꼬리 고양이를 좋아하는 마니아도 있다고 듣긴 했지만 아무래도 어미인 바람이 탓이 아닌가 생각되었다. 그러니까 바람인 어찌나 예민하고 까칠하고 경계가 심한지 젖 물릴 때도 느긋하게 누워 먹이는 법이 없다. 여차하면 달려들 태세로 앉은 자세로 새끼들을 아랫배에 품어놓은 채

젖을 물린다. 이 때에 꼬리가 접힌 채로 눌려 자라는지 모르겠다고 나는 추측해 본다.

어쨌든 까칠한 어미를 닮지 않은 녀석들은 처음 사람 손을 탔을 텐데도 하악질 한번 날리지 않고 불안한 소리도 없이 순둥이들처럼 잘 놀고 있다. 흰 외투에 까망 조끼를 걸치고 흰 양말 신은 아기들. 들여다보고 있자니 내 몸이 와짝 와짝 오그라들 것만 같다. 이참에 아주 실내서 키울까 마음 정하기도 전인데 어미인 바람이가 어느 틈에 대문 앞에서 아우웅아우웅 경계 태세에 돌입해 있다. 정말 못 말리는 까칠녀다. 내 여태 요렇게 사납게 구는 고양이는 본 적이 없다. 출퇴근 시간에 열성으로 사료 챙겨주는 남편한테는 안 그런다는데, 유독 나한테만 까칠하게 구니 이해불가다. 난 그저 발각된 제 새끼들 집으로 데려온 것밖에 없다. 세상에 저만 새끼 낳아 키우나. 그 유세가 눈 뜨고 못 봐줄 지경이다. 그러거든 내가 주는 사료도 먹지나 말든지. 빨리 밥 내놓으라고 이층 계단을 올라와서 큰소리는 제일 먼저 치면서.

아침에 일어나 사료를 주러 내려갔다. 새끼들 안부가 궁금했지만 바람이가 먼저 낌새를 알아채곤 들여다보지도 못하게 위협적인 소리를 질러대니 나는 움찔 뒤로 물러섰다. 저렇게 서슬 퍼런 경계는 또 처음이다. 당장이라도 달려들어 할퀴어 버릴 태세다. 성깔머리하고는! 알았어, 알았어! 사료만 쏟아붓고 나는 뒤도 못 돌아보고 도망치듯 계단을 올라왔다. 올라와서 생각하니 참! 기도 안 찼다. 주객이 전도돼도 유분수지. 누가 보살펴 주는 사람이고 누가 보살핌 당하는 고양이인 거야. 이건 완전 고양이 상전 하나를 모시고 사는 거다. 그래서 딸한테 물어봤다.

"딸아, 내가 심한 거니, 바람이 심한 거니?"

"당연히 바람이지. 고양인 주제에…."

엄마는 아무 잘못 없다고 딸은 확실하게 내 편을 들어 주었다. 흠! 역시 내 딸이다.

마음 같아선 새끼들 안고 들어와 따뜻한 물에 목욕 한 번 시켜줬으면 좋겠는데 바람이가 절대 허락하지 않을 거다. 다른 곳으로 옮겨가지 않은 것만을 다행이라고 위안 삼아야 한다. 그나저나 꼬리 접힌 두 마리 새끼 고양이는 어쩌나. 고양이들은 꼬리로 꽉 자존심 세우고, 꼬리로 딱 낙하 중심을 잡는데. 지금이라도 꼬리를 곧게 펴주면 본래처럼 돌아갈까. 그러나 나는 새끼에게 접근금지다. 바람이한텐 이겨낼 재간이 없다.

여덟 해 고양이와 함께 살다 보니, 나는 동네 꼬마들에게도 고양이 아줌마로 불린다. 유일한 조카인 은표도 큰이모가 아닌 고양이 이모라 부른다. 나쁘지 않다. 다만 이따금씩 이웃에게 피해는 주지 말아야 될 것 아니냔 소리 들을 때는 난감이다. 당장 집 지어 시골로 이사 가고 싶은 생각이 굴뚝이다. 넓은 마당에 고양이들을 풀어

놓고 어떠한 장애물 없이 자유롭게 뛰어놀게 해주고 싶다. 그림 같은 초원에서 고양이 가족들과 자유롭게 지내는 상상만으로도 행복해지고 여유로워진다. 언제쯤 그 상상이 현실로 이루어질까.

이황 할아버지 이럴 땐 어찌해야 할까요?

또 새끼 고양이가 왔습니다. 겨우 눈만 뜬 아기입니다.

아침 일곱 시도 되기 전인데 현관문이 요란합니다. 오가며 얼굴 정도 익힌 골목 위 여자가 서 있습니다. 무슨 일이냐고 묻기도 전에 다짜고짜 내 앞에 불쑥 손을 내밉니다. 달랑 손에 들려진 것은 새끼 고양이입니다. 이유 불문. 받아 키우라는 것이지요.

우리 집은 고양이들이 많아 더는 받을 수 없다고 완곡히 거절했습니다. 한번 키워보시지요. 재롱이 이쁩니다! 덧붙인 내 제안에 본인 집은 개 두 마리가 있어 고양이는 키울 수 없답니다. 그러면서 내가 받지 않으면 쓰레기장에 버리겠다고 합니다. 교회까지 다니면서 이러면 벌 받지요, 했더니 자신은 교회에 다니지 않는답니다. 골목 여자는 막무가내입니다. 내가 새끼 고양이를 거절하자 대문을 나가더니 진짜로 쓰레기 마대에 새끼 고양이를 버리려 합니다. 말 못하는 생명을 이리하면 안 되지요! 쓰레기장까지 따라 나온 내가 놀라 나도 모르게 손바닥보다 작은 새끼 고양이를 받아 들었습니다.

상상 한 번 해보셔요. 이제 겨우 눈 뜬 작은 생명체를 손에 들고 쓰레기로 버리겠다, 그러면 안 된다, 하는 이 웃픈 광경을요. 말만 못 할 뿐 두 눈 뜨고 귀 열린, 살아있는 목숨 붙이를 두고 쓰레기장 앞에서 두 인간이 티격태격 실랑이하는 기막힌 상황이 벌어지고 있는 겁니다. 얼마 전 내게 품종 고양이 입양을 권하던 할머니가 지나가다가 발길을 멈추고 여자 행동에 츳츳 혀를 찹니다. 그러자 여자는 이번엔 교회에 갖다주겠답니다. 새끼 고양이는 다시 골목 여자에게 넘겨졌습니다. 거기서 돌아서면 될 것을 내가 또 여자 뒤를 줄레줄레 따라갑니다.

"분유 한 통 값 보태주시면 내가 키워보는 쪽으로 할게요!"

새끼 고양이의 작고 까만 눈이 밟혀 결국 타진에 나섭니다. 그러나 골목 여자는 내가 왜 분유 값을 주냐고 볼멘소리입니다. 뒤뚱뒤뚱 뒤도 안 돌아보고 교회 쪽으로 올라갑니다. 길바닥 아무 데나 버릴까 봐 불안해진 내가 따라가자 왜 따라오느냐며 여자는 불퉁거립니다. 새끼에게 뭐는 먹였어요? 물으니 아무 것도 먹이지 않았답니다. 잠은요? 물으니 이불 속에서 재웠답니다.

골목 비탈 위 교회까지 왔습니다. 여자는 고양이들이 머무는 박스에 새끼 고양이를 내려놓더니 물이라도 먹이겠다며 물그릇을 앞에 대줍니다. 이제 겨우 눈 뜬 새끼가 어떻게 물을 먹을 수 있겠어요. 나는 여자에게 목사님을 부르라고 했습니다. 확실히 인계하는 걸 봐야 마음이 놓일 것 같았습니다. 교회 문을 두드리지만 교회 문은 열리지 않습니다. 고양이들을 돌봐주는 여목사님이 아직 출근 전인가 봅니다.

골목 여자는, 아들이 불쌍하다고 공장에서 데려온 새끼 고양이를 아주 가볍게 교회에 유기시켜 놓고 가버립니다. 나만 그 자리에서 이러지도 저러지도 못한 채 여린 생명을 지켜보고 있습니다. 집 앞에서부터 따라온 옆집 꼬마가 이제 어떡하냔 얼굴로 나를 쳐다봅니다. 엮이지 말자! 엮이지 말자! 이성은 이런데 감성은 저절로 새끼 고양이를 품에 안습니다. 차가운 새끼 고양이 발바닥과 발가락을 계속 비벼 줍니다. 내 품에 안았으니 이제 집으로 데려가는 일만 남은 겁니다.

교회 비탈을 내려오다 감자 박스 싣고 올라오는 여자를 다시 만났습니다. 일단 내가 키워 분양 알아볼 테니 첫 분유 값은 달라며 다시 의견을 타진합니다.

"옛소! 이것밖에 없소!"

여자는 꾸깃꾸깃한 돈을 털어내듯 내 손에 넘겨줍니다. 그 돈을 받아 들고 집으로 오며 나는 여러 생각에 잠깁니다.

나는 또 엮였습니다. 길에서 온 앞 못 보는 우리 진묘, 전쟁 같은 육아 끝낸 지 얼마나 됐다고, 진묘 남매 병원 치료에 그렇게 진을 빼놓고도, 나는 또 분유 먹여 키워야 하는 새끼 길고양이를 떠맡았습니다. 전생에 고양이에 대해 말 못할 어떤 업보가 정말로 내게 들어와 있는 걸까요?

꾸깃꾸깃한 돈을 세어보니 천 원짜리 다섯 장입니다. 이만 팔천 원 하는 분유 한 통 사기엔 어림도 없는 돈입니다. 한숨이 저절로 나옵니다. 나도 모르게 이황 할아버지를 부릅니다.

이황 할아버지, 이럴 땐 정말 어찌해야 좋은 걸까요?

작가의 말
- 공주 정안으로 귀향하여

혼자 무섭지 않아?

혼자 외롭지 않아?

혼자 쓸쓸하지 않아?

시골에서 혼자 살고 있다고 하면 지인들이 다들 놀라 묻는다. 내 대답은 한결같다.

아니!

전혀!

충만이야!

수구초심. 여우도 생을 마감할 때가 되면 자기가 태어난 동굴 쪽으로 돌아본다고 했다. 십대에 떠났던 고향으로 다시 돌아왔다. 하루 세 번 버스가 들어오는 시골 마을. 이른 아침부터 멧비둘기와 텃새들이 수시로 지저귀고 뻐꾸기와 소쩍새의 화음이 정답게 들리는 마을, 까치와 까마귀와 물까치가 마을을 자유롭게 유희하는 마을, 봄날 장끼가 앞산에서 푸드덕 날아오르고 여름 흙 마당엔 독사와 유혈목이가 똬리 틀고 앉아 있는 마을, 가을엔 집과 맞닿은 뒷산까지 멧돼지가 내려와 붉은 흙을 마구 뒤집어 놓는 마을, 겨울엔 고라니가 눈 발자국을 찍으며 데크 앞까지 내려왔다가 놀라 꽁무니 빠지게 달아나는 마을, 그런 마을에 홀로 귀촌했다. 정확히는 다섯 마리 도시 고양이들과 함께 내려왔다.

  귀촌 계획을 알리자 문단의 벗들은 나를 말렸다. 시골서 혼자 어떻게 지내려고? 글쓰기가 많이 느슨해지고 게을러질 텐데. 문화생활도 불편하잖아. 고양이들이 농약 위험에도 놓일 텐데. 다들 염려와 걱정이었다. 나라고 걱정이 아주 없는 것은 아니었으나 내가 간절히 원하던 바였으니 좌고우면할 이유가 없었다. 내가 태어나고 자란 곳, 가난했지만 부모와 형제들이 복닥복닥 살내 맡으며 살았던 곳, 공주 정안으로 귀촌을 결행했다. 저 푸른 초원 위에 그림 같은 집은 아니지만 작고 소박하고 실용적인 집도 지었다. 마당은 자연적인 흙 땅을 그대로 두었다. 친환경을 고려해서 농약도 제초제도 쓰지 않았다. 그 덕으로 따로 씨 뿌리고 가꾸지 않아도 흙 마당은 늘 초록 밭이다. 겨울 지낸 이른 봄엔 향긋한 냉이가 올라오고 하루 새에 봄 쑥이 쑥 올라오고 이어 마당 전체를 민들레가 차지한다. 민들레는 금방 노랑꽃을 피워 올린다. 봄 마당은 온통 노랑으로 펼쳐진 민들레 꽃밭. 셀 수 없는 벌들이 날아와 민들레꽃 꿀을 빨고 나비들도 일찌감치 날아들기 시작한다. 민들레 꽃씨가 날아가면 그 자리에 질경이가 자라난다. 질경이가 씨앗을 달기 시작하면 채송화가 아기 새의 붉은 혀 같은 싹을 밀고 올라온다. 마당 한쪽에 초록으로 번진 토끼풀은 하얀 등불 꽃을 매달아 꽃목걸이를 선사한다. 부지런한 돌나물은 이미 노란 별꽃을 달았다. 이게 끝인가 하면 부드러운 비름나물이 온 마당을 뒤덮기 시작한다. 무릇 땅속 생명들도 다 순서가 있어 차례를 기다리고 있다. 홑씨로 떨어진 민들레는 이내 다시 새 초록 생명을 올렸다. 저절로 떨어져 자라나는 들깨도 쑥쑥 자라 유년 시절의 엄마 향기를 데려온다. 나는 자연이 내주는 식물을 꽁으로 받아 나물을 만들고 장아찌를 만들고 국을 끓이고 쌈을 싸고 차(茶)를 만든다. 시기별로 피어나는 꽃을 마주하고 꿀벌을 관찰하고 나비를 마중한다. 이른 아침부터 날아드는 새들의 지저귐은 덤으로 받는다.

아침 일찍 창문을 열면 정안 저수지 물안개는 넓은 띠를 이루며 숲으로 건너간다. 흰 두루미는 날개를 활짝 펼쳐 들고 우아하게 들녘을 날아간다. 나는 창가로 몰려드는 고양이들에겐 어제와 똑같이 다정한 모닝 인사를 건네고 밤새 작물은 또 얼마나 자랐을까, 텃밭으로 나가 심어놓은 농작물을 살핀다. 강낭콩과 옥수수 감자와 고추 오이 참외 토마토 아욱 열무가 비료를 먹지 않고도 소꿉놀이로 잘 자라주고 있다. 야외 수돗가 옆 텃밭도 둘러본다. 상추 쑥갓 당귀 대파 쪽파 부추 가지 호박들이 욕심내지 않고 제 속도로 자라고 있다. 이젠 아침 놀이를 할 차례다. 불필요한 풀을 뽑아주고 물뿌리개에 물을 담아 작물들에게 물을 먹인다. 흠뻑 물 받아먹은 작물은 푸릇푸릇 싱싱하다. 그러니까 아침 텃밭은 노동 공간이 아니라 소꿉놀이 공간인 것이다.

사실 귀촌해서 홀로 사는 하루가 이렇게 충만한 삶이 될 줄은 나도 미처 몰랐다. 걱정과 염려는 한낱 기우였다. 열 마리의 고양이들(마을 길고양이까지 포함되어)이 있고 주말이면 내편 씨가 내려와 주니 생활은 마음은 그저 평온이다. 석유 등잔불의 심지를 돋우며 살았던 유년의 시절도 있었으나 지금은 인터넷의 도움까지 받고 있으니 자연과 문명의 혜택을 동시에 받는 풍족한 삶인 것이다. 도시에서 데려온 다섯 마리 고양이들도 자연 속에서 자유롭게 살고 있다. 봄날엔 따스한 햇살을 받으며 나른한 오수에 빠져들고 여름날엔 꽃그늘 속에 들어가 긴 하루를 보낸다. 가을날이면 하르르 떨어지는 단풍잎을 따라다니며 숨바꼭질을 하고 겨울이면 흰 눈밭을 콩콩 뛰어다니며 발자국 눈꽃을 찍어 놓는다. 우려했던 농약 걱정도 없고 누구한테 해코지당한 일도 없다. 사람이나 고양이나 그야말로 모든 게 다 충만한 생활인 것이다.

  고향으로 내려와 나는 두 권의 시집을 더 보탰다. 거기에 십 년 저 너머의 글들을 모아 산문집도 묶는다. 공주문화재단에 올해의 문학인으로 선정되어 묶는 첫 산문집이라 더 큰 의미가 있는 셈이다. 귀향한 지 햇수로 5년 차. 도시 벗들이 염려했던 글쓰기에 게으름을 피우지 않았으니 그러면 된 것이고 도시 문단이 그리워질 때쯤 잊지 않고 다정한 문우가 찾아와 주니 그 또한 된 것이다. 다시 생각해도 시골로 거처를 옮긴 일은 정말 잘한 선택이었다. 좀 더 일찍 내려왔으면 더 좋았겠지만 지금으로도 충분하니 앞으로 모든 게 다 좋게 될 것이다.

  지금 알밤의 고장 정안은 밤꽃이 긴 줄 타래를 풀었다. 마을은 온통 밤꽃 향기로 가득하다. 해가 뜨면 뻐꾸기가 아득한 모음(母音)을 들려주고 저녁이면 소쩍새가 그리움의 모음(母音)을 들려준다. 여기는 공주의 정안(正安). 바르고 편안한 고향으로 내려온 내가 지극히 자연적인 삶을 살고 있다.

2025년 유월, 공주 정안에서
김자흔

김자흔 산문집
이렇게 우리는 만났다

2025년 8월 10일 초판 1쇄 발행

지은이	김자흔
발행처	(재)공주문화관광재단
펴낸이	소현우
펴낸곳	도서출판 무늬
등록번호	제450-251002017000021호
주소	32555 충남 공주시 교당길 21-13
전화	041-881-2595
이메일	muneui@hanmail.net

© 김자흔

ISBN 979-11-980397-4-3 03810

값 14,500원

* 본 도서는 (재)공주문화관광재단(대표이사: 김지광) 사업비로 제작되었으며, 「2025 공주 올해의 문학인」 선정 작품집입니다.
* 이 책은 저작권법에 따라 보호받는 저작물이므로 무단전재와 무단복제를 금합니다.
* 이 책의 전부 또는 일부를 이용하려면 반드시 저작권자와 도서출판 무늬의 서면 동의를 받아야 합니다.
* 잘못된 책은 바꿔드립니다.